HAROLD S. KUSHNER

•

¡POR LA VIDA!

Traducción de Daniel Zadunaisky
Revisión por el Rabino Daniel Goldman

DEL MISMO AUTOR
por nuestro sello editorial

■

CUANDO NADA TE BASTA
¿QUIÉN NECESITA A DIOS?
CUANDO LA GENTE BUENA SUFRE

Harold S. Kushner

·

¡Por la Vida!

Celebración del ser judío

EMECÉ EDITORES

Diseño de tapa: *Eduardo Ruiz*
Título original: *To Life: A Celebration of Jewish Being and Thinking*
Copyright © *1993 by Harold S. Kushner*
© *Emecé Editores S.A., 1996*
Alsina 2062 - Buenos Aires, Argentina
Primera edición
Impreso en Verlap S.A.,
Comandante Spurr 653, Avellaneda, enero de 1996

IMPRESO EN LA ARGENTINA / PRINTED IN ARGENTINA
Queda hecho el depósito que previene la ley 11.723
I.S.B.N.: 950-04-1582-8
23.495

a Ariel e Isaac Haber
que me prometen la inmortalidad

Reconocimientos

Los espíritus de muchas personas habitan este libro; les estoy agradecido a todas. El profesor Franklin Littell fue el primero en sugerir que lo escribiera. James H. Silberman tuvo a su cargo la edición, como la de mis obras anteriores. Tenía una visión clara de lo que debía ser este libro y me obligó a seguir el rumbo elegido. Sólo él y yo sabemos cuánto le debe la obra a sus sugerencias. Mi agente literario Peter Ginsberg fue el organizador de esta empresa, como de otras. Mi esposa Suzette fue una fuente constante de aliento y merece un reconocimiento mayor del que transmiten estas palabras. Todos mis maestros, desde los hombres y las mujeres que me enseñaron el alfabeto hebreo cuando tenía siete años hasta mis profesores en el posgrado del Seminario Teológico Judío dejaron huellas en mi mente y mi corazón, y por tanto en este libro. Por último, expreso mi agradecimiento al difunto Howard Nelson, quien hace veinte años me invitó a participar de un panel ecuménico en la radioemisora más importante de Boston para comunicar mis ideas a una audiencia amplia y variada. Después de la primera emisión, me dijo: "Usted acaba de comunicarse con más personas que San Pablo en toda su vida".

Ojalá este libro enriquezca el espíritu del lector, así como esas ideas enriquecieron el mío.

¡Por la vida!

Por la vida: tres palabras que representan en gran medida la esencia del judaísmo. Ante todo, sugieren que el judaísmo no es solamente un conjunto de creencias sino toda una filosofía de vida. Transmiten una actitud optimista ante la vida; nos invitan a dedicar nuestras energías a vivir en lugar de preocuparnos por la muerte, a disfrutar de los placeres de esta vida en lugar de demorarnos en sus defectos; exaltan la vida en este mundo en lugar de poner nuestras esperanzas en hallar satisfacciones en algún mundo por venir. A la vida: el tradicional brindis judío con una copa de vino comunica una sensación de exuberancia, una disposición para disfrutar de los placeres de este mundo. Al despojar al vino, como a otros placeres, de la mancha del pecado y la intemperancia, nos invita a contemplar y celebrar todo lo que Dios ha creado. Los sabios nos enseñan que "en los tiempos por venir, uno tendrá que rendir cuentas por todas las cosas buenas creadas por Dios que se negó a disfrutar".

¿Que otro pueblo celebra los momentos especiales

de la vida, los nacimientos, los cumpleaños y las bodas con tanta comida, risas y lágrimas como los judíos? Este libro ofrece una introducción a las formas y costumbres, las alegrías y los consuelos del judaísmo. Puede ser una puerta a la vida.

1

La vida es la pregunta, el judaísmo es la respuesta

Este libro trata sobre el judaísmo, una tradición de cuatro mil años con ideas sobre qué significa ser humano y cómo santificar el mundo. El judaísmo es anterior a Buda y a Confucio. Sus concepciones de Dios y la vida fueron las fuentes del cristianismo y el islam. Sin embargo, acaso porque la naturaleza humana esencial ha cambiado poco a lo largo de los siglos, acaso porque los dilemas de vida y muerte, padres e hijos, esperanzas humanas y frustraciones humanas, permanecen constantes mientras pasan las generaciones y cambia el panorama circundante, las ideas del judaísmo son importantes para nosotros a pesar de su antigüedad. Quien asuma seriamente su destino de ser humano debe conocer estas ideas.

Este libro trata del pueblo judío. Desde las visiones de los profetas bíblicos y la poesía de los salmos hasta las teorías de Einstein y Freud, desde la costumbre de dividir el tiempo en semanas hasta la vacuna contra la polio y decenas de importantes descubrimientos médicos, esta fracción diminuta de la raza humana ha ejercido sobre el mundo una influencia (e inspirado

13

un miedo y odio irracionales) mayores que cualquier otro grupo de dimensiones similares.

Sobre todo, este libro trata sobre la vida, cómo comprender qué significa ser auténticamente humano y cómo responder a ese desafío. El interrogante que aborda no es "cómo [o por qué] debo ser judío", sino, "cómo puedo ser verdaderamente humano". El judaísmo no es el problema. La vida es el problema, el judaísmo es la respuesta. Puede enseñarte a encontrar las gratificaciones ocultas de la santidad en el mundo, a la vez que afrontar sus incertidumbres y frustraciones. Un destacado crítico literario dijo que "ser judío es la manera más fácil de ser humano".

De esto trata el presente libro. ¿Quién eres tú, lector, y quién soy yo, el autor? Tal vez seas un judío cuya formación judía terminó en los años de infancia. Tus maestros querían, pero no podían, enseñarte muchas cosas, en parte porque el tiempo era escaso, en parte porque aunque hubieras sido capaz de formular las preguntas más serias, probablemente no estabas preparado para escuchar las respuestas. Los niños pueden disfrutar y sentir interés por muchos aspectos de la vida judía, pueden leer y comprender muchos relatos bíblicos, pero la verdadera esencia del judaísmo es un sistema de gran poder y sutileza. No está dirigido a los niños sino a los adultos. El hecho de llegar al Bar Mitzvá a los trece años debía ser el comienzo, no el final, del proceso de aprender el significado de ser judío. Este libro hablará de las cosas que no aprendiste durante la infancia. Reanudará la conversación que abandonaste hace años, pero en un nivel adulto.

Acaso tu formación infantil te llevó a creer que el judaísmo era una colección de costumbres perimidas y prohibiciones inconexas derivadas de sus orígenes en tiempos remotos. Tal vez la cultura popular —el cine y la televisión— te llevaron a pensar que la religión judía era algo anticuada, impropia del mundo moderno, una fuente de bromas o bien de conflictos entre padres e hijos o entre novios. Tal vez eres una judía que creció en una época en la que se creía que las niñas no debían aprender sobre el judaísmo. Mientras tus hermanos iban al *schule* y se preparaban para el Bar Mitzvá, tú te sentías marginada. O bien te declaras un judío laico, portador de un apellido y una identidad judíos; consciente de que eres blanco del antisemitismo, tu orgullo te impide abandonar tu judaísmo, pero piensas que ese rótulo no representa nada que merezca una mayor consideración. O acaso has llegado a un punto en que tu voz interior te dice, "la vida debe de ser algo más". Cualquiera que sea tu origen, trataré de revelarte la actualidad, la coherencia y la importancia de esos fragmentos de judaísmo que has recogido por el camino, cómo se reúnen en una totalidad lógica que nos habla en el mundo actual. Pero más aún, trataré de trascender la lógica para mostrarte cómo estas costumbres abren la puerta a la pasión, a la santidad, a una conciencia más profunda de las alegrías de la vida y a enfrentar sus tristezas sin temor. Trataré de ayudarte a comprender, tal vez como nunca antes, por qué tus antepasados creían que valía la pena vivir de acuerdo con estas ideas y morir por ellas.

Hace algunos años, mi esposa y yo pasábamos unas vacaciones en Nepal, a la sombra del Himalaya. A nuestro grupo se sumó un joven judío llamado Bill, que acababa de pasar seis meses en un monasterio budista. Era un espíritu en busca de claridad. Le pregunté qué buscaba en Nepal que no había hallado en el judaísmo. Previsiblemente, habló de la superficialidad de su formación judía en el hogar y la escuela. (Mi esposa comentó que si Bill hubiera nacido budista, tal vez a los treinta y cinco años hubiera ingresado a una yeshivá.) Hablé mucho con Bill durante ese viaje. Traté de mostrarle cómo hallar en el judaísmo la riqueza e iluminación espiritual que buscaba en el mundo, sin necesidad de arrancar su alma de sus orígenes judíos. Volví a verlo hace poco, cuando fui a dictar conferencias en la ciudad donde vive. Me dijo que es miembro activo de la federación judía local, trabaja voluntariamente en un hogar para convalecientes y estudia el judaísmo. Si tu caso es similar al de Bill, espero que este libro te sea tan útil como nuestras conversaciones lo fueron para él.

Acaso perteneces a otra filiación religiosa, o ninguna, pero quieres conocer más a los judíos y el judaísmo. Quieres comprender el trasfondo religioso profundo del conflicto en el Medio Oriente. Tus amigos o compañeros de trabajo judíos te invitan a sus fiestas religiosas y familiares. O, como sucede con frecuencia creciente a esta altura del siglo XX, tienes una nuera y nietos judíos y sientes la necesidad de saber más sobre sus tradiciones.

O bien, lector, eres un cristiano practicante que ha comprendido que no puede comprender plenamente su propia fe sin conocer sus raíces judías. Tal vez sepas que Jesús nació y fue durante toda su vida un judío practicante, que todos sus apóstoles y la mayoría de los primeros seguidores eran judíos, que el relato de la Navidad sólo se comprende en el contexto de un pueblo judío oprimido que anhela al Mesías prometido de la Casa de David y que la Crucifixión es la reelaboración de la historia de la Pascua original. Como dice un profesor de teología, "quien conoce una sola religión, no conoce ninguna". Además, en una época en que las fuerzas del paganismo y el secularismo adquieren tanta prominencia en la vida social, tal vez hayas comprendido que cristianos y judíos deben trascender sus diferencias, por importantes que sean, para redescubrir su herencia cultural común. Aunque no soy cristiano sino judío practicante, uno de mis propósitos en este libro es enriquecer tu compromiso cristiano, no ponerlo en tela de juicio.

Este libro está dirigido a la persona de origen judío que nunca supo de qué se trata o a la que nunca se identificó como tal pero ahora se interesa seriamente por el judaísmo. Lo escribí para transmitirte la luz y la pasión de la vida judía.

Y ahora, ¿quién soy yo? Además de ser el esposo de alguien y el padre de alguien, además de mi afición por la música folclórica norteamericana y el equipo de béisbol de Boston, he sido rabino durante más de treinta años, principalmente en un vecindario residencial de las afueras de Boston. Como rabino, he transmitido la tradición judía a mis feligreses, he invocado su sabiduría y sus recursos espirituales para ayudarles a afrontar sus problemas: pérdida de seres queridos, desempleo, divorcio, problemas con los hijos. A los cuarenta y seis años, me sentí impulsado a escribir un libro para explicar cómo superamos una tragedia familiar. Inesperadamente, ese libro transmitió a una audiencia nacional las ideas que yo expresaba a mi feligresía suburbana: cómo aplicar la sabiduría judaica tradicional a las indagaciones y los intereses de hombres y mujeres modernos.

He escrito tres libros del mismo estilo. Éste es el cuarto. Es un libro muy personal sobre el judaísmo tal como yo lo comprendo, vivo y enseño. Otro rabino habría escrito un libro distinto para destacar otros aspectos, explicar las cosas de otra manera e incluir asuntos que yo he descartado. (Espero que este no sea el único libro judío que leas.)

Esto me conduce a lo que llamaría la Regla Número Uno: A la pregunta, "¿qué dice el judaísmo sobre...?", la única respuesta justa es: "Algunos judíos creen esto, otros aquello". Somos un pueblo particular y de mentalidad independiente en alto grado, pero este no es el único motivo. El principal es que nunca creímos necesario expresar con exactitud lo que se supone debemos creer. Contra lo que se pudiera esperar, la falta de una definición precisa de las creencias judaicas no ha conducido al caos y la anarquía, porque el centro de la identidad judía no es la creencia sino la comunidad y la historia. Podemos tolerar una gran diversidad de opiniones teológicas, en parte porque nadie puede estar seguro de tener razón sobre la naturaleza de Dios, el cielo, el infierno y otros asuntos teológicos, pero sobre todo porque el vínculo que une a los judíos es más fuerte y eficaz que la creencia común.

Una de las diferencias más importantes entre el judaísmo y el cristianismo es que nosotros ya éramos un pueblo antes de tener una religión. El cristianismo comienza con una idea: la encarnación de Dios en Jesús, la crucifixión y resurrección de éste para la redención de los pecados del hombre. Quien crea en esa idea es un cristiano. Quien no compartiera esa creencia, por libre o metafórica que fuese su interpretación de ella, podría preguntarse si es en verdad cristiano. En última instancia, los cristianos constituyen comunidades, pero lo primero es el compromiso con la fe. Eso es lo que tienen en común. Eso los hace cristianos.

En cambio, el punto de partida del judaísmo no es una idea sino una comunidad: los tataranietos de Abraham, Isaac y Jacob padecieron la esclavitud en Egipto y fueron liberados milagrosamente de ella. A partir de esa experiencia compartida y el posterior encuentro con Dios en el monte Sinaí, forjamos una religión, con festividades y ritos para recordar los sucesos de nuestra historia, así como oraciones y Escrituras para expresar cómo concebimos nuestra relación con Dios. Pero por encima de todo, lo que nos define como judíos es la participación en la comunidad; los credos y los ritos son secundarios.

Recuerdo el primer día de un curso de filosofía de la religión en el seminario rabínico. El profesor Mordejai Kaplan nos pidió que escribiéramos una lista de los diez judíos más destacados del siglo xx. Escribimos los nombres de Einstein, Freud, Theodor Herzl y otros científicos, estadistas y escritores. Luego nos dijo:

—Ahora, junto a cada nombre, escriban el nombre de la sinagoga a la que asistía.

Lo que quería destacar era que prácticamente ninguno de ellos concurría regularmente a la sinagoga. Pero todos eran claramente judíos. Se identificaban como judíos, así los consideraba el mundo, los estudiantes del rabinato los consideraban los judíos más grandes del siglo. No eran judíos en virtud de su práctica religiosa sino por su identificación con el pueblo y la comunidad judíos.

Esta diferencia de prioridades entre judíos y cristianos tiene consecuencias de gran importancia. En primer término, significa que se nace judío en una forma que no es aplicable a los cristianos. El hijo de padres cristianos nace pagano y sólo es cristiano a partir del bautismo. En algunas corrientes, esa decisión sólo se

19

puede tomar al llegar a la edad adulta. Pero el hijo de madre judía es automáticamente judío porque pertenece a esa comunidad histórica. No necesita celebrar una ceremonia para hacerse judío, así como no lo necesita para ser hijo de sus padres. En la confesión católica romana, el castigo supremo, lo peor que la Iglesia le puede hacer a una persona es la excomunión, la interrupción de su relación con Dios mediada por ella. El judaísmo también conoce una forma de excomunión (aunque no se la utiliza seriamente desde la época de Spinoza en el siglo XVII). Pero la excomunión judía no separa a la persona de Dios. No la separa de la comunión sino de la comunidad. El judío réprobo que ha sido excomulgado puede rezar a Dios mañana, tarde y noche, si lo desea, pero ninguno de sus vecinos judíos hablará ni aceptará tener comercio alguno con él. (En el mundo moderno, esto es puramente hipotético. Todas las excomuniones que han llegado a mi conocimiento fueron realizadas por grupos marginales que nadie toma en serio sino sus propios miembros.) El judío excomulgado puede rezarle a Dios a solas, en su casa o donde quiera, pero en la sinagoga no se lo tomará en cuenta para el *minian*, el quórum de diez que se requiere para una ceremonia pública. Si la esencia de la identidad religiosa no es la creencia del individuo sobre Dios sino su pertenencia a una comunidad que busca a Dios, la herejía suprema no es negar la existencia o los atributos de Aquél sino sus obligaciones para con las personas que lo rodean. El castigo más severo no es separar a la persona de Dios (¿qué ser humano puede hacerle eso a otro?) sino de la comunidad que lo rodea. (¿Será porque soy judío que no se me ocurre una posibilidad más aterradora?)

Es por estos motivos que el judaísmo puede aceptar

una gran diversidad de creencias. Permítaseme una metáfora algo forzada: ser judío es como formar parte de una familia, mientras que ser cristiano se parece más a la pertenencia a una organización que existe con un fin determinado. A los miembros de esta clase de grupo los reúnen las ideas y los objetivos compartidos por todos. Quien descubre que ya no comparte las ideas de los demás miembros ni puede convencerlos de sus opiniones estudiará la posibilidad de unirse a otra organización o incluso fundarla con personas que compartan sus puntos de vista. Pero en una familia, aunque se tenga poco en común con otros miembros —uno es un político liberal y su tío un acérrimo conservador; a uno le gustan Mozart y Vivaldi, a su primo el heavy metal—, todos se sienten unidos por vínculos de parentesco. Por poca que sea la estima mutua, todos son conscientes de esos vínculos.

(Los que se han formado en la cultura americanoeuropea generada por el cristianismo se sorprenderán de saber que la mayoría de las religiones del mundo surgieron a partir de una comunidad, no de una idea. Ninguna religión, salvo tal vez algunas corrientes budistas, pone el acento en las creencias y la teología en la misma medida que el cristianismo.)

Estas diferentes prioridades nos ayudarán a comprender el fenómeno de los judíos que se identifican vigorosa y orgullosamente con el judaísmo aunque no hayan meditado con seriedad sobre Dios o no hayan rezado o asistido a un rito religioso durante meses. Acaso explicará por qué los judíos no sólo contribuyen con generosidad a las causas comunitarias locales sino que también están dispuestos a ayudar a judíos de otros países a quienes no conocen y probablemente jamás conocerán. En el judaísmo, pertenecer es más importante que creer. Nuestros deberes para con

21

Dios son menos importantes que nuestros deberes mutuos porque creemos que a Dios le importa más cómo nos tratamos unos a otros que nuestra teología.

Se cuenta que el doctor Jaim Weizmann, el químico que fue el primer presidente del moderno Estado de Israel, trataba de obtener el apoyo de los políticos británicos para la causa sionista de crear una patria judía. Un miembro de la Cámara de los Lores le preguntó:

—¿Por qué los judíos insisten en ir Palestina si existen tantos países subdesarrollados donde podrían radicarse más cómodamente?

Weizmann respondió:

—Es como si yo le preguntara por qué viajó treinta kilómetros el domingo pasado para visitar a su madre, si en su vecindario viven otras viejecitas.

Amamos a Israel, no porque sea perfecto sino porque es nuestro. Amamos a nuestros padres, no porque sean mejores que otros sino porque son los nuestros. Nos dieron la vida y nos criaron con ternura. Amamos el judaísmo, no porque sus postulados teológicos nos parezcan persuasivos y válidos sino porque es nuestro. Es la comunidad en cuyo seno aprendemos a ser humanos y compartir la vida con quienes nos rodean.

Pero la esencia del judaísmo es algo más que pertenecer y aprender a formar parte de una comunidad. Se trata de ser parte de una comunidad muy especial, que lo es en virtud de su relación con Dios. A continuación indagaremos en la historia de esa relación.

2

Las historias que contamos
sobre nosotros mismos

Esta es la historia que relatamos sobre nosotros para ayudarnos a comprender quiénes somos, quién es Dios, qué esperamos de Él y qué espera Él de nosotros.

En el principio, Dios creó un mundo ordenado a partir del caos y las tinieblas que precedieron a la Creación. Separó la luz de las tinieblas, la tierra de las aguas. Pobló el mundo con plantas y árboles, aves, peces y animales y les otorgó la capacidad de reproducirse para que de las plantas de tomate nacieran tomates y de las gatas, gatitos. Era un mundo perfecto, estable, ordenado, totalmente previsible.

Pero Dios, que además de la estabilidad y la perfección incluye en Sí mismo la capacidad de bondad, felicidad y elección moral, consideró que a ese mundo perfecto y previsible le faltaba algo. Puesto que todo estaba programado, no había elección posible. Todas las criaturas vivas actuarían de acuerdo con los dictados de sus instintos. En particular, no había elección moral, la posibilidad de elegir entre la rectitud y el error, entre el bien y el mal. Y por eso, acaso por amar la bondad aún más que la perfección, Dios dijo a los animales que acababa de crear según el versículo anterior: "Hagamos un ser humano a nuestra semejanza, la vuestra y la mía. Hagamos juntos un ser que en algunos sentidos será un animal, con la necesidad de comer, dormir y procrear, pero que en otros será parecido a Mí, tendrá la conciencia del discernimiento moral que ninguna otra criatura viva posee."

Dios creó a Adán y Eva, una categoría del ser superior a todas las criaturas anteriores, expresada en su capacidad de nombrar (y clasificar) a los demás animales. Los bendijo con cualidades morales para que Le obedecieran por libre decisión, no por miedo al castigo. A fin de que pudieran demostrar sus cualidades morales, les dio un mandamiento: Podían comer cualquiera de las plantas y los frutos de cualquiera de los árboles del jardín, menos uno. Si Adán y Eva hubieran sido capaces de obedecer la única ley, hubieran introducido en el mundo lo único que le faltaba, lo único que Dios Mismo no podía crear: la bondad, la posibilidad de optar libremente por el bien. El mundo de Dios hubiera sido completo.

Pero Adán y Eva desobedecieron a Dios. Comieron el fruto prohibido. Sus descendientes cometieron actos aun peores. Caín fue un asesino, lo mismo que su tataranieto Lamec. La violencia y la corrupción aumentaron hasta que, al cabo de diez generaciones de degeneración moral, Dios consideró que había llegado el momento de actuar. Causó un diluvio que lavó al mundo de la mancha de la corrupción humana y perdonó al único hombre recto que pudo encontrar, Noé, y su familia. Después del diluvio, Dios dictó algunas leyes fundamentales (contra el asesinato, el robo, el incesto y la crueldad) y le dijo a Noé que empezara a repoblar el mundo.

Pero Noé también decepcionó a Dios. Tal vez abrumado por la tarea de reconstruir un mundo destruido, plantó una viña y se emborrachó. Sus hijos pelearon entre ellos, sus descendientes entraron en conflicto y al cabo de la décima generación después del diluvio, la situación era tan mala como antes.

Entonces Dios decidió cambiar de táctica. Había comprendido que tal vez exigía demasiado a los seres humanos: les pedía que demostraran cualidades morales en una comunidad inmoral. Los seres humanos son débiles. La bondad y la templanza no se adquieren fácilmente. Se dejan influenciar por los ejemplos que los rodean. En lugar de buscar un hombre (Adán, Noé) con fuerza suficiente para resistir las presiones del medio, Dios forjaría un entorno, una comunidad de personas que tratarían de ser buenas, con la esperanza de que se apoyaran y fortalecieran mutuamente a fin de que afloraran sus mejores cualidades.

Dios eligió a Abraham, un hombre que aparentemente poseía un don innato de sensibilidad moral, y en lugar de ordenarle que fuera mejor que sus vecinos lo convocó a fundar un pueblo especial. Sus descendientes sabrían que tenían una relación especial con Dios. Conocerían la esclavitud y la liberación, para que el poder salvador de Dios fuera un hecho real, no teórico, en sus vidas, y siempre se identificaran con los sojuzgados y oprimidos. Como dice la Biblia una y otra vez a los israelitas: "Amarás al extranjero como a ti mismo, porque extranjeros fuisteis en la tierra de Egipto y conocéis el corazón del extranjero".

El resto del Génesis, el primer libro de la Biblia, relata la historia de la familia de Abraham, cómo las generaciones posteriores asumieron la convocatoria de Dios y cómo, al final, la familia se había convertido en un clan numeroso que migró a Egipto durante una hambruna.

Éxodo, el segundo libro bíblico, es la bisagra sobre la cual gira toda la historia judía. El mundo habitado por los descendientes de Abraham al final del Éxodo es totalmente distinto de aquel sobre el cual se alza el telón al comienzo del libro. Así como Génesis es la declaración bíblica fundamental sobre lo que Dios quiere y espera de los seres humanos en general, el Éxodo es la afirmación definitiva de la relación de Dios con el pueblo judío. Narra la historia de una banda anónima de esclavos y cómo se transformó en la nación que instruyó a la raza humana sobre Dios.

Éxodo relata cómo el Faraón egipcio redujo a sus súbditos hebreos a la esclavitud y los obligó a construir los almacenes reales. Entonces el pueblo hebreo clamó a Dios en su aflicción y Él intervino en favor de los humillados. Envió a Moisés a enfrentar al Faraón, abrumó a los egipcios con plagas, cada una más terrible que la anterior, hasta que el Faraón cedió y dejó partir al pueblo.

Siete semanas después de su liberación de la esclavitud, los israelitas llegaron al pie del monte Sinaí, y allí conocieron a Dios. El curso de la historia cambió definitivamente, para los judíos y para todo el mundo. Allí Dios proclamó los Diez Mandamientos y Moisés pasó cuarenta días en la cima de la montaña, donde recibió las Tablas de la Ley. Antes del Sinaí existían leyes generales que prohibían el asesinato, el robo, el adulterio y otras contravenciones del orden público, pero redactadas siempre según la fórmula "si... entonces..." Si tu buey daña la propiedad de tu vecino, entonces eres responsable de repararla. Si matas al esclavo de tu vecino, entonces él puede quitarte el tuyo o matarlo para vengarse. Pero en el monte Sinaí, aparentemente por primera vez en la historia humana registrada, se establecieron normas sobre la base del bien y al mal absolutos, no de lo lícito y lo ilícito: ¡No harás esto! El asesinato y el adulterio, además de ilícitos, son fundamentalmente malos y no dejarán de serlo por más que algunos traten de modificar la ley.

Pero la esencia de los Diez Mandamientos trasciende no sólo el consenso social sino también la moral absoluta. Es igualmente importante que su destinatario fuera todo un pueblo. Dios convoca a los israelitas a celebrar con Él una Alianza, un contrato. Los israelitas prometen llevar una vida de moral centrada en Dios, y Él a Su vez promete bendecir al pueblo con Su presencia, darle una tierra propia y protegerlo.

La Alianza se basa aparentemente en la siguiente idea: pocos individuos son capaces de vivir de acuerdo con un código moral significativamente distinto y más exigente que el de sus vecinos. Un hombre honrado del común, situado en un ambiente donde la mayoría de sus colegas mienten con tal de concretar una venta o inflan sus viáticos para aumentar sus salarios, difícilmente conservará su honestidad. Un joven inteligente que concurre a una universidad donde la mayoría de sus amigos dedican su tiempo a beber en lugar de estudiar, probablemente recibirá una formación deficiente. De modo que en lugar de pedir a los individuos que se eleven por encima de su sociedad, Dios se aboca a crear una comunidad donde el común de la gente, no los santos, se respaldan mutuamente en sus esfuerzos por actuar con rectitud. Si el objetivo de Dios es completar Su mundo con personas que eligen libremente hacer el bien y actuar rectamente en lugar de buscar al individuo singular, el santo, el héroe virtuoso —un Noé o un Abraham—, entonces creará una sociedad donde hacer el bien no será un acto heroico sino la manera habitual de hacer las cosas.

La historia, tal como la relatamos, dice que en el Sinaí se estableció algo más que los Diez Mandamientos. Después de dirigirse al pueblo para invitarlo a unirse a Él en una Alianza, Dios convocó a Moisés a la cima de la montaña, donde permaneció durante cuarenta días y cuarenta noches y recibió un modelo de conducta hasta en los menores detalles de la vida, desde el alimento y la vestimenta hasta la manera de tratar a los criminales convictos y los prisioneros de guerra, desde las instrucciones sobre sacrificios de animales hasta amonestaciones sobre la necesidad de expulsar a los astrólogos y los adivinos.

Dios había dado a Adán y Eva un solo mandamiento porque pensaba que si lo acataban, serían totalmente obedientes. Ese razonamiento era falaz porque al violar la única regla, la única norma de vida, se volvían totalmente desobedientes. En Sinaí, Dios decidió que los israelitas, que aspiraban a la moral pero carecían de ella como instinto natural, requerían instrucciones más explícitas. La relación bíblica de lo que Dios dijo a Moisés para que lo transmitiera a los israelitas es la llamada Torá (Pentateuco— la primera de las tres partes en la que se divide la Biblia hebrea). Contiene los libros que relatan los sucesos hasta el arribo al monte Sinaí y las normas de vida establecidas allí: Génesis, Éxodo, Levítico, Números y Deuteronomio. Si bien consideramos que toda la Biblia hebrea es santa y la veneramos, la Torá ocupa una categoría especial, superior, de santidad.

Se suele traducir la palabra Torá como la "Ley", pero esta traducción no es exacta sino más bien engañosa. Los libros del Éxodo y el Deuteronomio contienen leyes para el trato de los ladrones, secuestradores y asesinos. Pero la mayor parte de su contenido no es estrictamente legal. Sería más exacto traducir Torá como "Enseñanza". Su raíz es la misma que la del término hebreo que significa maestro y guía, el que muestra el camino.

Acaso la palabra más importante de la Torá, después de Dios, es *brit*, que se suele traducir como alianza. Desgraciadamente, esta acepción de alianza suele ser tan extraña y desusada como *brit* y requiere explicaciones. Una alianza es una suerte de contrato, un acuerdo de compromiso mutuo entre dos partes. Puede celebrarse entre partes iguales: por ejemplo, el típico contrato de compraventa de un automóvil o una casa establece lo que las partes esperan una de otra. Pero en el antiguo Cercano Oriente, generalmente las partes eran desiguales, tal vez un rey poderoso y una comunidad que aceptaba servirlo, expresando sus respectivas obligaciones.

La importancia colosal de concebir la revelación del Sinaí como la concertación de una alianza, y a la Torá como la relación de aquélla, radica en la idea de que Dios y el Hombre tienen obligaciones mutuas. Le debemos algo a Dios: la obligación de discernir el bien y optar por él, a cambio de los dones de la vida, la salud, los alimentos, los seres que nos aman. Nuestra relación con Dios deja de ser la de un niño con sus padres, que espera ser alimentado, vestido y reconfortado sólo porque lo necesita y lo implora. En el Sinaí, Dios dijo al pueblo judío: "Ya son adultos, espero que se ganen el sustento, que hagan algo a cambio de lo que hago por ustedes". La concepción de la Alianza expresa la idea de que podemos esperar algo de Dios, de que Él no será un gobernante arbitrario. Por más que no siempre reine la justicia y Dios no pueda protegernos de las consecuencias de la ley natural y la crueldad humana, será un mundo estable, con albas y ocasos previsibles, donde las leyes de la química y la física serán mañana las mismas que ayer. ¿Qué gana Dios con el acuerdo? Gana lo único que Él mismo no puede darle al mundo: el fenómeno de un pueblo que opta libremente por hacer el bien. ¿Y qué ganamos nosotros, el pueblo judío? El premio será la sensación de que Dios está presente, de que hacemos algo por Él y de paso establecemos una relación singularmente estrecha con Él. Cuando los profetas quieren amenazar al pueblo israelita con el peor castigo concebible, le advierten que Dios les retirará Su presencia para convertirlo nuevamente en un pueblo como los demás.

La segunda parte del Éxodo, después de la Revelación de la Torá en Sinaí, expresa cómo el judío está convocado a llevar una vida orientada hacia Dios. Incluye obligaciones éticas (si tomas el abrigo de un pobre como prenda de un préstamo, debes devolvérselo a la noche, cuando hace frío; Éxodo 22:25), obligaciones rituales (no cocinarás el cabrito en la leche de su madre; Éxodo 34:26) y leyes civiles y criminales (si tu animal entra en el campo de tu vecino, debes resarcirlo con lo mejor de tu cosecha; Éxodo 22:4). Luego dedica varios capítulos a la construcción del Tabernáculo, un altar portátil para alojar las Tablas de los Diez Mandamientos y ser el centro de adoración de los israelitas.

El Éxodo, que expresa nuestra relación con Dios y nuestras obligaciones para con Él según la Alianza, contiene los elementos fundamentales de la vida y el pensamiento judíos:

—la historia de la intervención de Dios para redimir a un grupo de esclavos, descendientes de Abraham, y darles la libertad;
—el relato del llamado de Dios a Israel para cele-

brar una Alianza con Él en el monte Sinaí;

—la idea de que los seres humanos pueden ser como Dios en el sentido de santificar los momentos cotidianos y, junto con ello, el concepto del acto sagrado, la mitzvá, como forma singular de santificar un mundo profano, y así completar el mundo de Dios;

—el concepto del tiempo sagrado, días distintos de los demás días, en los cuales nos desentendemos de nuestras ocupaciones habituales para recordar quiénes éramos y qué fuimos llamados a ser;

—el concepto del lugar sagrado, digamos el retorno a Sinaí, un lugar reservado para encontrar a Dios, adorarlo, salir purificados y fortalecidos del encuentro y prepararnos para llevar al mundo algo de la santidad que hallamos ahí;

—la promesa divina de darle al pueblo judío un hogar propio, un escaparate para mostrar la vida que Dios nos llama a vivir, orientada hacia Él.

Estas ideas fundamentales del Éxodo constituyen el índice de capítulos de nuestro estudio del judaísmo: el recuerdo de la liberación de la esclavitud, el concepto de la Alianza, el de los actos sagrados y la promesa de una patria.

Desde la segunda parte del Éxodo hasta el resto de la Biblia y prácticamente todo lo que se ha escrito sobre el judaísmo desde la época bíblica (incluso este libro, diría yo) tratan de responder a la pregunta: ¿Cómo se aferra uno a la sensación de hallarse ante Dios en Sinaí? Nuestros antepasados al pie del monte sabían que estaban en presencia de Dios. Se sintieron inspirados a ser devotos, generosos y leales. Pero uno no puede pasar la vida entera en el monte. Tarde o temprano debe volver al mundo cotidiano real, con todos sus conflictos y concesiones. ¿Cómo se mantiene vivo el recuerdo de Sinaí? ¿Cómo se aferra uno a la sensación de hallarse frente a Dios? La respuesta del Éxodo, del judaísmo, es que lo hace con actos especiales, en tiempos y lugares sagrados. Tres mil años de estudios e historia comentan ese concepto.

Unas páginas atrás usé un verbo que desconcertará o inquietará a algunos lectores. Dije que "Dios eligió a Abraham". Conocemos a Abraham en los capítulos 11 y 12 del Génesis, cuando Dios le dice que abandone su hogar, salga a fundar una nueva nación y sea una bendición para el mundo. En ese momento no sabemos nada sobre él. Ni siquiera se nos dice que era más recto que sus contemporáneos, como Noé. La elección parece totalmente arbitraria. Cuando Dios habla a los descendientes de Abraham en Sinaí, les dice que si transitan por los caminos que Él les traza, serán un "pueblo elegido", Su propio tesoro.

La idea de que los judíos son el "pueblo elegido de Dios" ha suscitado muchísimas dudas. En el nivel teórico, es contraria a nuestro concepto de que todos los seres humanos son creados en igualdad y que Dios los ama a todos por igual. En la práctica ha causado entre los judíos innumerables casos de neurosis y expectativas exageradas, y entre los gentiles, rencor y envidia. (¿Sabías que la palabra pecado aparece por primera vez en la Biblia, no en relación al fruto prohibido que comieron Adán y Eva sino con el rencor de Caín porque Dios aparentemente "eligió" y prefirió a Abel?)

¿Cómo hemos de interpretar esta afirmación controvertida, molesta e inquietante de que Dios eligió al pueblo judío para que tuviera una relación especial con Él? Uno de mis profesores en el seminario (Mordejai Kaplan, de quien hablé en el capítulo anterior), molesto por las connotaciones antidemocráticas y chovinistas de esa idea, sugirió que la elimináramos de las creencias contemporáneas y la relegáramos a la misma categoría que la imagen bíblica de la tierra plana o a la de gente que vivía de seiscientos a novecientos años. No se atrevió a reescribir la Biblia, pero sí el libro de oraciones judío, del que eliminó todas las referencias a este concepto que ha causado tantos problemas ideológicos y sociales.

La Biblia misma responde en dos niveles. En primer lugar, nos dice que el amor de Dios por Abraham y el pueblo judío, como todo amor, es irracional. La lógica no permite explicarlo ni comprenderlo. Dios tiene al menos el mismo derecho que nosotros de enamorarse de alguien y hacer que los demás nos preguntemos qué encuentra en ella. La verdad es que el libro del Deuteronomio, al resumir la historia de Israel hasta ese momento, dice que Dios tenía esa relación especial con ese pueblo, no porque fuera numeroso o excepcional (la Torá insiste una y otra vez en que los israelitas eran gente de lo más común, a pesar de los sucesos extraordinarios que les había tocado vivir), sino porque había amado a sus antepasados, y ese amor se extendía a los hijos de Abraham.

Pero al leer entre líneas, aparece otra concepción del "elegido". Al convocar a Israel a ser una comunidad modelo a fin de alcanzar el objetivo de optar por la rectitud, Dios no sólo pide que los israelitas se apoyen mutuamente. Quiere que sean un ejemplo para las demás naciones. Dios comprende que la mayoría de las personas aprende más del ejemplo vivo que de los libros. Conducir un automóvil, patear una pelota, tocar el piano no son cosas que se aprenden en los libros sino mediante la observación y la emulación de personas que lo hacen bien. Dios aspira a algo más que a una nación que actúa rectamente en un mundo

33

inmoral. No Le basta que alguien elija el bien en lugar del mal. Él ha implantado en cada hombre y mujer el potencial de ser humano, trascender el instinto y optar por el bien. El pueblo judío debía ser un "proyecto piloto", un ejemplo vivo de comunidad. Dios les daría instrucciones expresas sobre la manera de llevar una vida centrada en Él. Con ello, además de complacer a Dios y sentirse satisfechos de sí mismos, demostrarían a los demás pueblos del mundo la satisfacción de llevar esa clase de vida. Las naciones que no habían llegado al Sinaí ni recibido la Torá (pero que acaso hubieran conocido a Dios al vivir su propia esclavitud y liberación) aprenderían del ejemplo vivo. La visión suprema de la Torá no es que el mundo entero será judío sino que aprenderá a reconocer que el Dios que adoran los judíos es el único Dios verdadero, y que andar en sus caminos significa vivir tal como deberían de hacerlo los seres humanos.

¿Qué significa para nosotros, los judíos, considerarnos un "pueblo elegido"? De ninguna manera que nos consideramos mejores que otros pueblos, sea individual o colectivamente. Yo fui rabino de una congregación durante treinta años y mi trato profesional con familias judías me enseñó más allá de toda duda que los judíos son tan defectuosos, imperfectos, comunes y corrientes como cualquiera. Nadie reivindica una superioridad biológica judía. Si no, ¿por qué tanta gente se convertiría al o del judaísmo? No podemos determinar cuántos judíos de hoy son descendientes biológicos de Abraham y Sara, aunque todos somos sus descendientes espirituales.

En mi opinión, la afirmación de que los judíos son un pueblo elegido no es moral ni biológica sino histórica. Los judíos de hoy pueden parecerse en muchos sentidos a todos los demás. Lo mismo se podría decir de los de la antigüedad. Pero es un hecho histórico que fueron los judíos, no otros, los que dieron la Biblia al mundo. Es un hecho histórico que los judíos introdujeron en el mundo pagano la idea de un Dios que exigía rectitud. Es un hecho histórico indiscutible que los judíos escribieron los salmos y que los profetas eran judíos. La mayoría de los libros del Nuevo Testamento también fueron escritos por judíos.

¿Cómo sucedió que este pueblo pequeño, históricamente insignificante desde el punto de vista científico o militar, forjó la concepción del mundo sobre Dios? No lo sé, nadie lo sabe. Puedo postular explicaciones sociológicas racionales sobre por qué hay tantos médicos o profesores universitarios judíos (y tan pocos futbolistas profesionales), pero no puedo explicar por qué los judíos de la época bíblica comprendieron mejor que nadie lo que Dios deseaba del hombre.

Algunos estudiosos lo han atribuido a la vivencia de la esclavitud y la liberación, lo que dio lugar a la sensación de estar en deuda con Dios por Su intercesión. Sin embargo, otros pueblos que escaparon de la esclavitud no escribieron la Biblia. Otros postulan que el hecho de vivir en el desierto, con pocas distracciones a la vista, era propicio para que los israelitas meditaran sobre el significado y el propósito de la vida. Pero en esa época vivían en el desierto muchas tribus que sin embargo no escribieron salmos ni engendraron profetas. No parece haber una explicación racional. Tal vez sólo nos queda aceptar la explicación de la Torá sobre cómo sucedió. Dios, por Sus propias razones, eligió al pueblo judío para que fuera el instrumento de Su revelación al mundo.

Esto no significa que Dios amaba (o ama) a los judíos más que a otros pueblos, sino que los ama de distinta manera. La Biblia dice una y otra vez que Israel es el "primogénito de Dios". Todos los que tienen más de un hijo saben que se los puede amar en el mismo grado pero de distinta manera y depositar en uno de ellos (que suele ser el primogénito) esperanzas distintas que en sus hermanos o hermanas. A veces el primogénito responde a las expectativas con orgullo y responsabilidad, a veces con hostilidad, y en general con una mezcla de ambos. Por cada hermano menor que gime, "¿Por qué no puedo hacer lo mismo que él?", suele haber un mayor que se queja: "¿Por qué me obligan a hacer cosas que a él no?" (Este autor conoce bien el problema por ser un hijo primogénito.) La circunstancia histórica de haber sido elegidos portadores de la palabra de Dios, el primer pueblo que Lo conoció y comprendió, ha causado a los judíos gran orgullo y satisfacción, junto con fuertes sensaciones de culpa, rencor y frustración. (No es fácil vivir con la sensación de que uno ha decepcionado a Dios y a la propia familia por ser una persona común y corriente.)

Acaso el problema perpetuo de la historia judía sea la tensión entre el orgullo de aceptar el desafío divino de ser un pueblo especial y el anhelo melancólico de la libertad de la que goza el ser normal, "las otras naciones". (En la Biblia, la crítica más mordaz de la conducta israelita consiste en fustigarla por querer parecerse a "las demás naciones".) En 1948, cuando se fundó el moderno Estado de Israel, la mitad de sus creadores dijeron: "Ahora tenemos la oportunidad de ser una luz para las naciones, de responder al desafío divino al constituirnos en un ejemplo de justicia y esclarecimiento". En cambio, otros dijeron: "Los suizos, los noruegos y los indonesios viven sin la obligación de justificar su existencia de pueblo especial; ahora tenemos la oportunidad de sacudirnos el yugo de ser especiales y vivir por fin como un pueblo normal". Asimismo, cada vez que en Estados Unidos aparecen problemas sociales de pobreza o discriminación, la mitad de mis feligreses dicen: "Como judíos tenemos una responsabilidad particular de ocuparnos del problema", mientras otros afirman: "Yo sólo quiero pagar mis cuentas y criar a mis hijos; que otros resuelvan los problemas nacionales". Si el lector está confundido y experimenta una sensación ambivalente frente a la afirmación de que tenemos una relación especial con Dios por el hecho de ser judíos, le ruego que me crea cuando le digo que la ambivalencia es la reacción judía tradicional.

¿Qué pasó, en verdad, al pie del Sinaí el día que cambió el mundo? Si hubieras estado ahí, ¿hubieras escuchado la voz de Dios al proclamar los Diez Mandamientos?

Algunos judíos (volvamos a la Regla Número Uno) dirían que sí, Dios proclamó los Diez Mandamientos de viva voz ante la multitud reunida y durante las seis semanas siguientes dictó el resto de la Torá a Moisés. Otros dirían que las frases sobre la voz de Dios son metafóricas, que tratan de expresar con palabras el acontecimiento extraordinario de la Revelación. Preguntarían cómo aprendemos. A veces aprendemos algo cuando nos lo dicen. Pero en ocasiones una idea viene a nuestra mente mediante un proceso que no comprendemos, sin que se diga una palabra. No sabemos de dónde vino, dónde estaba antes de venir a nuestra mente o cómo llegó allí: de repente, llegó. Así, dirían, sucedió la Revelación en el Sinaí.

Martin Buber, el gran teólogo judío que dijo que la vida está arraigada en las relaciones, postuló que a veces comprendemos algo al conocer a otro, sin que se pronuncie una palabra. En presencia de ciertas personas somos incapaces de mentir o de contar un chiste grosero. Cuando conocemos a alguien que ha superado una grave discapacidad física, sin que nos diga nada empezamos a enfocar nuestros propios problemas físicos de otra manera. En presencia de un gran líder espiritual, algunos comprenden la superficialidad de su propia conducta. Un padre que contempla a su hijo recién nacido recibe un mensaje sobre la responsabilidad y la inmortalidad que hasta ese momento jamás había comprendido. Recibe el mensaje sin que se pronuncie una palabra. Buber postula que en Sinaí, los israelitas vivieron la presencia de Dios en una forma intensa, inmediata, y como resultado de ese encuentro comprendieron con una claridad inédita cómo han de vivir los seres humanos.

La discusión sobre lo que sucedió en Sinaí tiene que ver con nuestra actitud ante la Biblia. ¿Debemos interpretarla de manera literal? ¿Debemos considerar que algunas partes son la verdadera Palabra de Dios y otras no? ¿Por qué preguntamos qué sucedió en Sinaí, si los capítulos 19 y 20 del Éxodo tienen por objeto relatar precisamente esos sucesos?

Es difícil encontrar una respuesta sencilla. La Biblia no es un solo libro. Es una compilación de dos docenas de libros escritos a lo largo de casi mil años. Algunos relatos (por ejemplo, que el rey Salomón construyó un Templo en Jerusalén y trescientos cincuenta años después los babilonios lo destruyeron) son indudablemente verídicos. Otros (que el profeta Elías dio una botella mágica de aceite que nunca se vaciaba a una viuda pobre para ayudarle a pagar sus deudas) sin duda corresponden a la clase de leyendas con que se adornan las vidas de miembros prominentes de cualquier sociedad. Si bien muchos judíos ortodoxos creerán que Dios creó el mundo en ciento cuarenta y cuatro horas, otros dirán que ese relato pinto-resco y memorable es una forma de transmitirnos un concepto más importante que el tiempo que requirió la creación: que nuestro mundo es un lugar bueno, ordenado y autorregulado, donde los seres humanos son cualitativamente distintos de las demás criaturas vivas. Dicho de otra manera, lo tomamos en serio, pero no de manera literal.

Algunos dirán que la Torá, los cinco primeros libros de la Biblia, son un acta taquigráfica de lo que Dios dijo a Moisés en el monte (transcripto con fide-lidad y copiado a mano con la misma fidelidad duran-te miles de años hasta que apareció la imprenta). Otros verán en ella la obra de seres humanos inspira-dos que quisieron expresar con palabras el contenido y la naturaleza de su inspiración. Casi todos conocen lo que significa tratar de expresar con palabras las experiencias más intensas de la vida: relatarle a otro lo que se siente al estar enamorado, tener un bebé o sobrevivir a un accidente casi fatal. Conocen la frus-tración de sentir que las palabras, por elocuentes que sean, sólo expresan en parte lo que uno quiere comu-nicar. En la Torá, seres humanos inspirados quisieron decir: "Hemos conocido a Dios y por consiguiente debemos vivir de otra manera".

Sobre la concepción judía de la Biblia, diremos en primer lugar que la consideramos *nuestro* libro. Además de las Sagradas Escrituras, es nuestro album familiar. Las historias de Abraham, Isaac y Jacob son algo más que cuentos folclóricos o lecciones para aprender en clase de religión. Son la historia de nues-tros abuelos. La lista de los lugares donde acamparon los israelitas durante la travesía hacia la Tierra Pro-metida ("Salieron de Mara y vinieron a Elim... Salieron de Elim y acamparon junto al Mar Rojo

[Números 33:9-10]) no es una página trivial que salteará el lector impaciente. Es como hallar un álbum de postales de viaje enviadas por nuestros parientes. La Biblia llega al corazón del lector judío más que al del cristiano más devoto porque es el libro que escribieron sus parientes.

En segundo lugar, creemos que es veraz. Lo es a pesar de sus imprecisiones, porque hay muchas formas de veracidad. Cuando yo era chico, en los cines se veía un noticiario y un dibujo animado antes de la película. En un nivel, el noticiario (que en general mostraba discursos de políticos, concursos de belleza y presentación de autos último modelo) era verdad y la película, ficción. Pero en otro nivel, una buena película era más veraz que el noticiario porque, a diferencia de éste, comunicaba algo bueno y válido sobre el espíritu humano (las reacciones de distintas personas ante una crisis, cómo el amor cambia a la gente). En ese nivel, las obras de Shakespeare son veraces porque retratan a seres humanos con precisión y lucidez, por más que esas personas no hubieran existido o pronunciado las palabras que el poeta ponía en su boca. La Biblia es aún más veraz que Shakespeare. Ningún otro documento comprende las necesidades del alma humana como la Biblia. Ningún otro libro tiene el poder de cambiar la sociedad, de hacer que la gente diga: "Aunque no quiero escuchar esto, es la verdad".

Y en tercer lugar, según la concepción que tenemos de la Biblia, los judíos no la leemos a la manera de una novela con argumento. Uno no la lee para averiguar cómo termina (aunque últimamente han aparecido buenos libros que analizan la Biblia desde el punto de vista literario y descubren muestras de gran talento artístico). Tampoco se lee a la manera de una nota de diario o revista, rápidamente, para recoger una impresión general. Como dijo un autor contemporáneo, los judíos leen la Biblia como se lee una carta de amor. Ésta no se lee sólo por satisfacción sino para exprimir hasta la última gota de su significado. (¿Por qué se despidió "afectuosamente" y no con un "te amo"? ¿Por qué usó un guión en lugar de una coma?)

Si la Biblia es "veraz" como guía moral, ¿cómo hemos de interpretar los pasajes que ofenden nuestra sensibilidad contemporánea, que parecen exaltar el asesinato y el derramamiento de sangre o asignan a la mujer una situación de inferioridad social? Ante todo, ciertos pasajes problemáticos se deben a una interpretación errónea del texto, al problema de tratar de percibir los matices de un libro escrito hace tres mil años, en otro idioma y en el contexto de una cultura diferente. Por ejemplo, "ojo por ojo y diente por diente" no es, como se suele decir, una exhortación a la venganza y la mutilación. Me parece insólito que se lo interprete literalmente. La sociedad bíblica detestaba la mutilación, la consideraba una profanación de la imagen divina que todos llevamos en nosotros. Consideraba que no era lo mismo herir deliberadamente a una persona que hacerlo accidentalmente. Comprendía que la pérdida de un ojo era más grave para uno que para otro. Y lejos de alentar el deseo de venganza, hacía grandes esfuerzos para reprimirlo. (Por ejemplo, un hombre que causara accidentalmente la muerte de otro debía trasladarse a otra ciudad para que los parientes del muerto no sintieran la tentación de vengarlo.) "Ojo por ojo" es una frase gráfica con que la Biblia dice que la persona que causa un daño debe recibir el castigo condigno. Éste debe ser el merecido, ni más (vida por ojo) ni menos (regaño por ojo). Es una exhortación a ejercer la justicia, no la venganza.

Otros pasajes desconcertantes reflejan la sociedad en y para la cual se escribió la Biblia. Hace ciento cincuenta años, clérigos partidarios y adversarios de la esclavitud apuntalaban sus argumentos con citas bíblicas. Todos podían citar las Escrituras porque el mismo libro que predica la dignidad de todos los seres humanos tolera que una persona posea esclavos. Parecería que en la época bíblica los deudores que no tenían dinero podían someterse a la esclavitud temporaria para cancelar sus deudas con trabajo. (Jacob, que no podía reunir el dinero para pagar una dote, le ofreció a su suegro trabajar para él durante siete años.) La Biblia establece leyes sobre los esclavos, no para fomentar la esclavitud sino para reglamentarla. Asimismo, puesto que fue escrita en una época de guerras frecuentes y cruentas, no celebra las victorias como el triunfo de un ejército más poderoso sino como una realización del plan de Dios, (en esto se parece a los libros de historia nacional que yo estudiaba en la escuela). Quisiera creer que esos mandamientos terroríficos de aniquilar al enemigo no eran órdenes de Dios antes de la batalla sino una interpretación retrospectiva del suceso como voluntad de Dios. Como dijo uno de mis profesores: "La historia se vive hacia adelante, pero se la interpreta hacia atrás". Después se relataba el hecho como realización del mandamiento divino. Y puesto que en la época bíblica las mujeres no cumplían funciones públicas, las historias e instituciones legales de la Biblia reflejan (de ninguna manera recomiendan) la inferioridad social de la mujer.*

---

* Algunas feministas contemporáneas, horrorizadas por el trato que reciben las mujeres en la sociedad occidental tradicional, suelen culpar al judaísmo y la Biblia por imponer un

Aún recuerdo una intensa polémica entre dos de mis profesores en el seminario rabínico. Se trataba de saber qué hacer cuando una ley judía basada en la Biblia parece exigir que uno cometa un acto inmoral. Uno de ellos, más progresista, dijo que la palabra de Dios jamás debe ser causa de un acto inmoral. Si la ley parece apuntar a un fin inmoral, corresponde apelar a una ley superior y sentirse libre para enmendar o rechazarla. Su colega, más conservador, dijo que ese criterio colocaba las pautas humanas (lo que uno piensa sobre una ley) por encima de las divinas (lo que dice la Biblia). El profesor progresista replicó que cuando se sentía ofendido moralmente por una ley, no se trataba de oponer su preferencia a la de Dios. ¿Dónde aprendió a sentirse ofendido en su moral por

---

sistema patriarcal sobre el paganismo de los cananeos y su culto de la diosa. Creo que se equivocan al asignar las culpas. El paganismo cananeo era una de las sociedades más machistas y antifemeninas de la historia. El nombre de la principal deidad cananea, Baal, significa a la vez "esposo" y "dueño". En su forma verbal, se refiere al aspecto masculino del acto sexual. Baal era un culto de la fertilidad cuyo propósito era obtener de los dioses buenas cosechas y mujeres preñadas todos los años. Los paganos adoraban diosas, no para celebrar la plena humanidad de la mujer sino su capacidad de tener hijos. Así lo demuestran las estatuillas de las diosas, que siempre destacan sus senos y vientres. (Decimos con razón que la revista *Playboy* deshumaniza a la mujer al destacar esos mismos atributos. ¿No deberíamos reconocer que los antiguos cultos de la fertilidad hacen lo mismo?) Me parece que las feministas imparciales deberían reconocer que la Biblia, lejos de anunciar una sociedad patriarcal, aboga por una nueva actitud hacia la mujer, al ver en ella, acaso por primera vez en la historia, un ser humano pleno, hecho a imagen de un Dios que trasciende los sexos, en lugar de reducir su identidad a la de compañeras sexuales y madres.

leyes que tratan a las mujeres o a los extranjeros como personas menos dignas que las demás? No en la sociedad humana secular sino en las páginas de la Biblia, que nos ordena ver en todo ser humano, hombre o mujer, judío o gentil, esclavo o libre, un portador de la imagen de Dios.

Tal vez la pregunta más importante que podemos formular sobre la actitud judía hacia la Biblia es la siguiente: ¿Qué clase de pueblo somos a causa de las historias que relatamos sobre nosotros mismos, conservadas e inmortalizadas en la Biblia? Somos un pueblo que asume la vida en este mundo con seriedad. Entre los judíos hay toda una gama de opiniones sobre la vida en el Más Allá. (Ante la falta de certeza, proliferan las diversas opiniones.) Pero el peligro de creer con excesivo fervor en el Más Allá es que uno podría descuidar las imperfecciones de este mundo. ¿Proliferan la delincuencia y las enfermedades? ¿Los ricos y poderosos oprimen a las viudas y los pobres? Qué importa: este mundo es apenas la sala de espera de Dios. En la Eternidad, cada uno tendrá lo que merece y los últimos serán los primeros.

La amplia mayoría de los judíos rechaza esa perspectiva. Nuestro credo parecería ser que Dios amó tanto al mundo que lo creó con gran cuidado para que fuera un lugar ordenado, bello y precioso. Si amamos a Dios, así debemos tratar este mundo que Él tanto ama. Recuerdo que uno de mis maestros, Abraham Joshua Heschel, decía que Platón y Aristóteles se hubieran reído del profeta Isaías. Qué cosa trivial, ocuparse de una viuda a quien la sometieron a una estafa o de un pobre que pasa hambre. Lo que debe interesarte, le hubieran dicho, es la idea de la justicia, la definición de la igualdad. Pero el lector de la Biblia aprende que el concepto abstracto de justicia carece de significado si no se traduce en la vida de cada ciudadano.

Acaso mi visión está distorsionada al cabo de treinta años de oficiar en los acontecimientos del ciclo vital familiar judío, pero tengo la impresión de que celebramos los hechos de esta vida más que otros pueblos porque nuestras creencias sobre este mundo son más importantes que la fe en el Más Allá. ¿Qué otro pueblo hace tanto alboroto por un nacimiento o cuando un niño alcanza la mayoría de edad? Y aunque algunos judíos digan "está con Dios" para referirse a una persona que ha muerto, la frase no expresa una actitud nuestra. El judío diría, "cuando vivía estaba con Dios y ahora que ha muerto está ausente del mundo de Dios".

¿Qué clase de pueblo somos a raíz de las historias bíblicas que contamos sobre nosotros? Creo que hay una línea recta desde el relato bíblico del Éxodo hasta la participación de los judíos en las causas de justicia social contemporáneas. Al recordar y repetir todos los años la historia de la esclavitud y la liberación, hemos aprendido a identificarnos con los oprimidos. En una muestra de museo sobre la relación entre los judíos y los negros, encontré la siguiente frase de una mujer llamada Sabrina Virgo:

"Cuando era joven, me enseñaron que ser judío significaba:
no romper una huelga,
trabajar por la paz,
luchar por la justicia social,
no olvidar el sufrimiento de nuestro pueblo como vínculo con los sufrimientos de otros."

Según la frase estimulante de Milton Himmelfarb, los judíos norteamericanos constituyen "el único grupo étnico que gana tanto como los protestantes episcopales y vota como los puertorriqueños". Cuando votamos, tendemos a no pensar en nuestros propios intereses (dentro de la clase media norteamericana, los judíos son los más proclives a votar a favor de mayores impuestos para ayudar a los pobres). Tendemos a no votar por los candidatos judíos o partidarios de Israel. Tratamos de apoyar al candidato más interesado en hacer un mundo mejor.

A principios del siglo xx, muchos judíos gravitaron hacia el Partido Comunista, no sólo porque reemplazó a un zar ruso cruel, perverso y antisemita y de ninguna manera porque somos revolucionarios por naturaleza, sino porque prometía hacer un mundo mejor. Le retiraron su apoyo cuando el comunismo demostró ser un "dios caído", cuando la Rusia de Stalin resultó ser tan brutal y antisemita como el régimen zarista. Pero buscaron otras causas porque creían que los seres humanos tenían el propósito en la Tierra de hacer lo único que Dios no podía lograr por Sus propios medios: coronar Su creación con bondad, hacer de este mundo —no de otro mundo remoto— el Reino de Dios.

Las historias que relatamos sobre nosotros nos enseñan dos lecciones: que Dios nos ama y que nos necesita.

Dios nos demuestra Su amor al franquear el inmenso abismo entre Él y nosotros. Nos lo demuestra al invitarnos a celebrar una alianza con Él y al darnos Su inapreciable Torá. La idea de que las leyes son un signo de amor es una de las diferencias teológicas fundamentales entre el judaísmo y el cristianismo. En el Nuevo Testamento, San Pablo dice que la Ley es un lazo, una trampa. Es un pecador porque existen leyes que él no puede obedecer. Para él, las leyes son el instrumento de un Dios implacable, represivo, punitivo, a las que deben superar las normas del amor y el perdón. El judaísmo admira el amor y el perdón tanto como San Pablo (quien, dicho sea de paso, era judío), pero tiene una visión completamente distinta de la función de la Ley. Un padre afectuoso no demuestra amor al decirle a su hijo: "Haz lo que quieras, de todas maneras te amaré". Eso no es amor sino abdicación de las propias responsabilidades. El padre afectuoso le dice al hijo: "Te quiero mucho, y aunque no puedo vivir tu vida por ti, quiero que aproveches mi experiencia". Los judíos comprendimos desde el principio que la nuestra es una religión de amor porque no nos condena a buscar nuestro rumbo en la vida sin ayuda. Ofrece consejos, intuiciones, directivas.

Cuando decimos que Dios nos necesita, no nos referimos tanto a Él como a nosotros. Se nos convoca a ayudar a Dios y al mundo. Somos importantes, estamos habilitados. La historia fundacional del judaísmo nos enseña dos lecciones. Tenemos la obligación de ser un modelo para todas las naciones, demostrarles cómo es la vida orientada hacia Dios y consumar el mundo de Dios al optar libremente por el bien y hacer así lo único que Él no puede lograr por Sus propios medios. Dios aspira a que completemos y santifiquemos Su mundo: lo decepcionamos en grado cósmico si dejamos de responder a Su desafío.

3

El acto sagrado: convertir
lo cotidiano en extraordinario

Muchos solemos visualizar el mundo como si tuviera dos aspectos: el de lo santo (lo religioso) y el de lo profano (lo cotidiano, lo no religioso, es decir, todo lo demás; la palabra profano significa literalmente fuera de la Iglesia o frente a ella). El teólogo Martin Buber enseñó que la verdadera división es entre lo santo y lo que todavía no lo es. Todo lo que hay en el mundo de Dios puede ser santo si uno comprende su santidad potencial. Una de las lecciones fundamentales del judaísmo es que la búsqueda de la santidad, el encuentro con Dios, no está encerrada entre las paredes de la sinagoga. Podemos transformar cualquiera de nuestros actos en una vivencia al pie del Sinaí, un encuentro con lo sagrado. El fin del judaísmo no es enseñarnos a escapar de lo profano hacia la presencia purificadora de Dios sino cómo introducir a Dios en el mundo, cómo santificar lo cotidiano.

Repasemos brevemente algunos conceptos del capítulo anterior:

¿Por qué creó Dios a los seres humanos? Para que aportaran lo único que le faltaba a Su creación, el acto de optar libremente por el bien.

¿Cuál es la diferencia entre los seres humanos y las demás criaturas vivas? Que hemos comido el fruto del Árbol de la Ciencia del Bien y del Mal. Otras criaturas pueden ser obedientes o desobedientes, pero sólo el ser humano puede ser bueno.

¿Cómo podemos orientar nuestra humanidad hacia la bondad? Al optar libremente por hacer aquello que Dios quiere que hagamos en lugar de obedecer a nuestros instintos como todos los demás animales. Solemos pensar que las leyes limitan nuestra libertad. "Ese es el lugar perfecto para estacionar, pero está prohibido." "Si hiciéramos tal cosa podríamos ahorrar mucho dinero, pero no podemos porque la ley no lo permite." Pensamos que la libertad significa ausencia de leyes que nos impidan ir donde queramos, hacer lo que se nos plazca, tocar la pieza de museo sin limitaciones. Pero el judaísmo subraya que vivir de acuerdo con las leyes de Dios no sólo es obediencia sino una forma superior de libertad.

Parecería extraño concebir a la Torá, con sus innumerables reglamentos y prohibiciones, como una fuente de libertad. Si voy con un amigo no judío a un restorán cuyas especialidades son la carne, el cerdo y los mariscos y él elige el plato que más le atrae mientras yo sólo puedo pedir un huevo duro o una ensalada de atún, ¿cómo puedo decir que soy más libre que él al observar las leyes alimentarias judías? La libertad que nos otorga la Ley es la del atleta que disciplina su cuerpo y de ese modo adquiere la capacidad de realizar hazañas físicas que a ti y a mí nos están vedadas. Es la libertad de dominar nuestras apetencias en lugar de ser su esclavo. Una vez, durante un sermón de Pascua, dije que el mensaje de ésta era "de la esclavitud a la libertad". Uno de mis feligreses, músico profesional y profesor en Harvard, me dijo después que en su opinión el mensaje era, "a la libertad a través de la esclavitud". Para ser capaces de realizar hazañas difíciles o impresionantes, debemos someternos a una disciplina estricta, a la manera del músico o el atleta. En su juventud, mi feligrés debía ensayar escalas y realizar ejercicios digitales mientras sus amigos jugaban a la pelota. A veces eso lo fastidiaba. Pero gracias a esos ensayos, ahora puede conmover a un auditorio con la belleza de una sonata de Beethoven.

Muchas de las normas y ritos del modo de vida judío son gimnasia espiritual, cuyo fin es enseñarnos a controlar nuestros instintos más básicos: hambre, sexo, ira, avidez, etcétera. No se nos ordena negarlos ni reprimirlos, sino dominarlos, regirlos en lugar de dejarnos regir por ellos, santificarlos de manera que dediquemos nuestras vivencias al cumplimiento de los propósitos de Dios. La libertad que nos ofrece la Torá es la de decir no a nuestros apetitos.

Digámoslo así: Llegará el momento en que tu felicidad futura dependerá de que puedas rechazar una tentación, una transacción comercial dudosa, una concesión en los principios, una aventura sexual ilícita. Si prácticamente no has conocido la palabra "no", si el mensaje de tus padres o socios comerciales siempre ha sido, "si eso es lo que quieres, todo se puede arreglar", ¿cuáles son tus probabilidad de actuar rectamente en ese momento? ¿Y cuáles las de alcanzar la felicidad? Pero si durante toda tu vida has ejercitado el control de tus instintos para rechazar la comida, las oportunidades sexuales u otras tentaciones, ¿cuánto mayores serán tus probabilidades?

Cierta vez, en un programa de televisión por cable, discutí mi teología de la tragedia con un profesor de teología de un seminario bautista del sudoeste de

Estados Unidos. Dijo que su posición se basaba en la infalibilidad de las Escrituras, que cada palabra de la Biblia era de Dios, y me fustigó por seleccionar los versículos que yo consideraba eran de origen divino. En mi réplica, le pregunté: "¿Por qué come cerdo y yo no, puesto que el capítulo 11 del Levítico lo prohibe expresamente y usted cree que esas palabras son de Dios?" Su respuesta fue: "Yo creo que Nuestro Señor Jesucristo vino a liberarnos de los mandamientos rituales para que rijan solamente los de carácter ético." Nuevamente le pregunté: "Si así fuera, ¿por que considera que las leyes del Levítico no son éticas sino rituales? ¿Qué puede haber más importante en el mundo de hoy que enseñar a la gente a dominar sus apetitos?" Entonces cambió de tema.

La Ley no nos convierte en pecadores, sino que trata de darnos fuerzas para resistir las muchas tentaciones de pecar que acosan diariamente al ser humano. Mientras el cristianismo diría que es un esfuerzo inútil, que jamás tendremos la fuerza para resistir el pecado (entre otros, el de enorgullecernos de nuestra fuerza moral, a la manera del físicoculturista que no puede dejar de admirar su cuerpo en el espejo), el judaísmo insistiría que tenemos el deber con Dios de siquiera intentarlo con toda seriedad moral.

El segundo don de la Ley es el mensaje reconfortante de que nuestras vidas y nuestras decisiones morales se toman en serio en el más alto nivel. Frente a los impulsos instintivos caben tres actitudes distintas: podemos ceder a ellos, como los animales. Podemos tratar de reprimirlos, en cuyo caso dedicamos tanto tiempo y esfuerzo a pensar en ellos que se convierten en obsesiones (como el que hace dieta y sólo piensa en la comida, o el que debe resistir la tentación sexual y no se preocupa por otra cosa). O bien (como verás, guardé lo mejor para el final), podemos santificarlos. Podemos aplicar las reglas de lo lícito y lo ilícito en una forma vedada a todas las demás criaturas vivas, para luego disfrutarlos dentro de esos límites.

Volvamos a mi hipotético almuerzo con un amigo. Al verme estudiar la carta, tal vez sospechará que yo pienso: "Me encantaría comer jamón, pero Dios es tan malo que no me lo permite". En realidad, es más probable que piense: "¡Es increíble! Hay casi cinco mil millones de personas en esta tierra, ¡y a Dios le interesa mi almuerzo!" Además le interesa saber cómo gano y en qué gasto mi dinero, con quién me acuesto, qué términos uso al hablar. (No intento describir el estado emocional de Dios, sobre el cual no podemos tener la menor información, sino de transmitir la importancia ética crucial de mis decisiones.) ¿Existe una manera mejor de conferir significación divina a cada uno de mis actos cotidianos?

Comer cerdo o langostino no es intrínsecamente inmoral, como no es intrínsecamente moral optar por un trozo de queso o de pollo. Pero al reglamentar nuestros hábitos de alimentación, sueño y trabajo, el modo de vida judío confiere una significación profunda a cada actividad, incluso las más comunes y mundanas, al transformarla en una oportunidad para obedecer (o desobedecer) a Dios. Un gentil que pide una hamburguesa con queso, almuerza y punto. Un judío que pide lo mismo hace una afirmación teológica. Declara que para él no rigen las normas del sistema alimentario judío. Pero las reglas, observadas o violadas, elevan el almuerzo del plano de lo común y corriente al de la religión. Quien pueda hacerlo en materia de la comida, ha logrado algo importante.

Santificamos el acto de comer por medio de las reglas alimentarias, la observancia del casher. La alimentación afecta nuestra emotividad en el más alto grado: lejos de reducirse a una recarga de combustible, es un símbolo de amor, culpa, gratificación, debilidad. Por eso se hacen tantos chistes sobre las leyes alimentarias judías. (El cura católico le dice a su amigo el rabino: "No sabes lo que te pierdes por no comer cerdo. Si Dios creó algo tan delicioso, ¿por qué habría de prohibir que la gente lo disfrute? ¿Cuándo comerás un buen plato de lechón?" El rabino: "En su boda, padre".)

Las normas de la observancia casher han suscitado muchos malentendidos. Muchos judíos y no judíos creen que esas normas tienen que ver con la conservación de los alimentos en el desierto sin refrigeración o con enfermedades extrañas transmitidas por la carne de cerdo. En primer lugar, el pollo podrido puede ser tan dañino como el cerdo podrido, y en segundo lugar, ¿quién puede creer que sólo los israelitas observaron que el calor echa a perder la carne? ¿De veras se necesitan normas religiosas para impedir que la gente coma alimentos en mal estado?

La verdad es que la observancia de las normas casher no tiene nada que ver con la triquinosis ni la contaminación. En cambio, tiene mucho que ver con la transformación de la actividad alimentaria, común a todos los animales, en un hecho singularmente humano al conferirle las normas de lo lícito y lo ilícito.

Por ejemplo, pocos saben que una ley judía prohíbe comer de pie. Los animales lo hacen. Los seres humanos transforman la ingestión en un acto mucho más decoroso. Se sientan, ofrecen una acción de gracias y comen pausadamente en lugar de atragantarse como los animales.

Las principales leyes alimentarias judías se basan en la premisa de que comer carne es una concesión moral. La diferencia entre comer un bistec y una taza de avena es que en el primer caso fue necesario matar un ser viviente. Si comer carne se vuelve un hecho tan indiferente que nos hace perder de vista esa diferencia, parte de nuestra humanidad se marchita y muere.

Algunos pasajes de la Torá parecen sugerir que si la gente fuera moralmente perfecta, sería vegetariana. Dios dice a Adán y Eva que coman frutos y plantas (Génesis 1:29), pero a Noé le permite que coma carne (Génesis 9:3) como aparente concesión a la debilidad humana.

Una vez, invitado a disertar ante estudiantes universitarios, la joven a cargo de presentarme me invitó a cenar con los organizadores antes de la conferencia. Acepté con agrado, pero le pedí que tuviera en cuenta que yo era vegetariano.

—Ojalá pudiera ser vegetariana —respondió—. Amo los animales, detesto la idea de sacrificarlos, pero el pollo y los bistecs me gustan tanto que no podría dejar de comerlos. Me siento tan hipócrita.

Le dije que las leyes alimentarias judías estaban dirigidas precisamente a las personas como ella, les permitían comer carne con ciertas restricciones a fin de que la disfrutaran dentro de esos límites y siempre con la plena conciencia de que se trataba de una concesión. Las prohibiciones y limitaciones les permitirían comer carne sin sentirse culpables ni abusivos. Nuestra familia, que durante muchos años comió carne casher, gradualmente se volvió vegetariana por razones religiosas, morales y de salud. Lo consideramos una extensión de la disciplina y la sensibilidad inculcadas por la observancia de las reglas casher. No obstante, algunos maestros del judaísmo desconfían del vegetarianismo por temor a que se borre la diferencia entre el valor de una vida humana y la de un animal.

Por eso se nos permite (incluso se nos ordena, como en el sacrificio del cordero pascual) matar y comer animales, pero ese permiso está rodeado de una serie de limitaciones para que nunca lo hagamos con indiferencia.

1. Sólo se permite comer la carne de ciertas especies (vaca, cordero, pollo, pescado); otras (cerdo, mariscos) están prohibidas. No puedo decir con certeza por qué se permiten unas y prohíben otras. Algunos han intentado descubrir motivos ecológicos o higiénicos, pero con escaso éxito. Tal vez los animales prohibidos mostraban ciertos rasgos de temperamento de los que la gente quería disociarse; se prohíbe comer aves de presa, pero no las más dóciles. Tal vez sea una división arbitraria, una forma de introducir las normas de lo lícito y lo ilícito a fin de que seamos conscientes de lo que comemos.

2. El animal debe ser sacrificado de la manera más indolora posible. Por eso, cuando voy a almorzar con mi amigo no judío, debo abstenerme no sólo del pollo y el langostino sino también de bistec o el pollo, porque debo presumir que no han sacrificado los animales a la manera casher. Tal vez a la vaca le da lo mismo, ya que preferiría que no la sacrificaran. No así a nosotros, que a cambio de hacer la concesión de matar un animal para comer, debemos asegurarnos de minimizar su dolor. Por eso la Torá prohíbe matar un ternero en presencia de su madre. Una ecología judía, que definiera nuestra relación con la Tierra y las cria-

turas que la habitan, no se basaría en la premisa de que no somos distintos de las demás criaturas sino en lo contrario: tenemos una responsabilidad especial precisamente porque somos distintos, porque somos conscientes de nuestros actos.

3. No se puede comer carne y productos lácteos en una misma comida. Nuevamente, es una norma de santidad, no de higiene. Los que compramos carne envasada en celofán y leche envasada en plástico hemos olvidado la procedencia de esos alimentos. La naturaleza crea la leche en las ubres de las hembras para que amamanten y conserven con vida a su prole recién nacida. Matar un animal joven para comerlo ya es una concesión a las apetencias humanas. Mezclar esa carne con la leche producida por su madre es acentuar esa crueldad.

Las tribus paganas vecinas de Israel en la época bíblica aparentemente consideraban un manjar el corderito o ternero guisado en la leche que manaba de las ubres de su madre. Por eso, la Biblia, que rechaza tanta crueldad gratuita, expresa la prohibición: "No guisarás el cabrito en la leche de su madre" (Éxodo 23:19, repetido en 34:26 y dos veces en el Deuteronomio). Sabios de épocas posteriores, en sus explicaciones de la Ley Oral (que veremos más adelante en este capítulo), llegaron a la conclusión de que seríamos igualmente crueles al guisar la carne de un animal en la leche de otro, aunque no fuera su madre. Por eso, los judíos devotos no sirven manteca en una comida con carne ni echan crema en el café después de esa comida. Tienen distintos juegos de cubiertos y loza para las comidas con carne y con lácteos.

Una observación adicional: tal vez lo dicho haya creado la impresión de que el judío tradicionalista difícilmente disfrutará de la comida en medio de tantas prohibiciones religiosas. No es así; los judíos comemos muy bien. A quien tenga la oportunidad, le invito a realizar un experimento antropológico: que asista a una boda no judía el sábado y a una judía el domingo para comparar las actitudes frente a los alimentos, la cantidad, la variedad y el entusiasmo con que se lo consume. Me parece que se trata de un proceso psicológico sencillo, tan válido para los alimentos como para la conducta sexual y otras actividades humanas. Señalados los límites entre lo lícito y lo ilícito, uno puede permitirse todo lo primero y disfrutarlo sin preguntarse si está cometiendo un error.

Santificamos nuestra sexualidad con reglas sobre los contactos sexuales lícitos e ilícitos. El impulso sexual, junto con el hambre, es el más poderoso de los instintos fundamentales. Después de todo, la especie no podría sobrevivir sin él. Durante quince años tuvimos en casa una perra galesa. Cada vez que entraba en celo, los machos de varias cuadras a la redonda saltaban las cercas y casi derribaban nuestras puertas para tratar de llegar a ella. En ocasiones los diarios publican una nota sobre algún ser humano adulto que, enloquecido por el deseo sexual, derrocha todo su dinero y su moral.

Algunas religiones atribuían al impulso sexual un carácter divino, justamente porque es tan poderoso. (Después de todo, ¿cuál es el tema de la mayoría de los libros, las canciones y las películas? No es la comida, el dinero ni la teología sino la atracción sexual.) Otras le atribuían un carácter diabólico, lo temían y hacían de su represión el objeto de la vida religiosa. Lógicamente, el judaísmo no trató de hacerlo desaparecer sino de controlarlo y santificarlo, a fin de que también en ese orden se pudiera glorificar a

Dios. Al igual que en el caso de los alimentos, buscamos la manera de disfrutarlo dentro de ciertos límites. Es un ejemplo más del concepto judío de que nada de lo hecho por Dios es intrínsecamente bueno ni malo. Todo depende de cómo lo usamos. Por consiguiente:

1. Los judíos tienen la obligación religiosa de casarse y tener hijos. No hay virtud en el celibato. Dios nos dio los órganos reproductivos para que los usemos. Algunas personas, por temperamento o por desgracia personal, nunca se casan. Otras sí lo hacen pero no pueden tener hijos. El judaísmo no estigmatiza a esas personas: las considera víctimas de las circunstancias, condenadas sin culpa a no conocer una de las experiencias más gratificantes de la vida humana. Así como un ciego no es un pecador por no disfrutar de una puesta de Sol, una pareja estéril no peca por el hecho de no tener hijos. Pero debemos reconocer que les falta algo.

2. La actividad sexual está restringida a las parejas casadas, y aun dentro del matrimonio sólo está permitida en determinadas épocas. El adulterio es malo, no porque la esposa sea propiedad del marido sino porque el contacto sexual es una actividad tan singularmente íntima (el marido penetra en la mujer) que sólo corresponde realizarla en el marco de una relación duradera. El ser humano es la única criatura que realiza el acto sexual cara a cara, porque sólo a él le importa con quién hace el amor.

Incluso dentro del matrimonio (y esto es algo que muchos desconocen), la ley de la Torá prohíbe el contacto sexual durante la menstruación y los días siguientes. No sé muy bien por qué. Al igual que en el caso de las leyes alimentarias, la Torá expresa la prohibición sin dar motivos. En muchas culturas abundan los tabúes y las supersticiones sobre la menstruación.* Acaso se deba a un disgusto estético causado por el flujo menstrual. O bien a la sensación de que la sangre menstrual contiene un poder mágico, el secreto de la vida, del cual el hombre debe guardar distancia. Un autor moderno sugiere que es una suerte de luto por la vida en potencia que no fue concebida ese mes. O bien puede ser simplemente una forma de regular la actividad sexual a fin de llevar al máximo las posibilidades de procreación y parto. Así llego al tercer concepto.

3. Para el judaísmo, las relaciones sexuales constituyen una fuente legítima de placer, además de un medio para hacer bebés. Por eso me parece legítimo oficiar en bodas de parejas que han superado la edad de la fertilidad, o de jóvenes que han sufrido histerectomías. La paternidad es algo más que la consecuencia de ceder al impulso sexual. Es una obligación religiosa, en respuesta al mandamiento de Dios que creó la vida y dijo a los primeros seres humanos que fructificaran y se multiplicaran. Pero nuestras enseñanzas también reconocen la legitimidad de nuestro deseo de intimidad, de sentirnos amados y valorados por otro a quien amamos y valoramos a nuestra vez.

El judaísmo santifica el instinto posesivo mediante la *tzedaká* (caridad a partir de la justicia) y el des-

*Los traductores modernos de la Biblia sienten la impotencia de traducir el término hebreo tradicional referido a la mujer durante la menstruación. Los términos "impura" e "inmunda" son erróneos. La palabra hebrea no connota maldad o suciedad. Más bien tiene la connotaciónde de algo rozado por la santidad de la fuerza vital durante esos días y también después del parto, en un grado tal que es imposible acercarse a la mujer como se hace habitualmente.

canso sabático. Cuenta una leyenda del Talmud que, una vez, la gente apresó al Espíritu del Egoísmo y lo encerró en un cuarto. Jubilosos por su hazaña, dijeron: "En lo sucesivo, la vida terrena será un paraíso. No habrá egoísmo, fraudes, robos ni competencia para ver quién es mejor. Habremos creado el cielo en la tierra". A la mañana siguiente, los tenderos no abrieron sus tiendas. Los jóvenes no salieron a cortejar. No se celebraron bodas. Nadie fue a trabajar. Al mediodía, la gente comprendió. A regañadientes liberaron al Espíritu del Egoísmo y aprendieron a vivir en un mundo en el cual el egoísmo suele servir de motivación para que sucedan cosas buenas.

La leyenda sugiere que el instinto posesivo —el anhelo de tener la casa más linda y el compañero más atractivo— es normal y humano. Vale lo dicho para el alimento y el sexo: si se erradicara ese instinto del espíritu humano, el mundo no podría seguir existiendo. Pero si uno se deja dominar por el espíritu de competencia y posesión hasta el punto de ver un cliente o rival potencial en cada persona que lo rodea, si no puede dejar de timar y robar para aumentar sus riquezas, entonces distorsiona la imagen de Dios en la cual todos fuimos forjados.

Dos importantes instituciones judías nos entrenan para controlar el instinto de posesión, pero sin desapegarnos del mundo hasta el punto de renunciar a todos los bienes y caer en una suerte de celibato económico. Una es el Shabat, que además de un descanso de la actividad física ardua constituye una tregua en la competencia económica entre nosotros y quienes nos rodean. Volveremos a hablar sobre el Shabat en el próximo capítulo, dedicado al calendario judío.

La otra es la *tzedaká*, que en general se traduce por "caridad", pero significa más bien "hacer lo correcto". (Es un ejemplo más de lo difícil que resulta comprender una cultura por medio de traducciones.) Caridad significa dar a los pobres por propia generosidad. *Tzedaká* significa hacerlo, incluso a regañadientes, porque así lo ordena el judaísmo. Dios ha dispuesto que yo sea Su intermediario para entregar algo a los pobres a fin de que se me incluya en la buena acción, pero yo tengo tanto derecho a conservar esa parte de mi riqueza como el cartero a quedarse con un cheque dirigido a mí.

En una de las primeras escenas de la obra teatral y película *El violinista en el tejado*, un hombre rico da una moneda a un mendigo.

—La semana pasada me diste más dinero —dice éste.

—Es que tuve una mala semana.

—¿Y porque tú tuviste una mala semana, yo debo pagar las consecuencias?

Este diálogo expresa la concepción judía de que la *tzedaká* es una obligación, no un acto de caridad.

No quisiera exagerar, pero me parece que en este punto existe una diferencia filosófica entre el judaísmo y el cristianismo. ¿El propósito de la caridad es inculcar la generosidad o dar sustento a los pobres? Evidentemente, las dos cosas, pero me parece que el cristianismo destaca la primera y el judaísmo esta última. En un célebre pasaje del Evangelio (Mateo 26:6-13), una mujer derrama perfume de gran precio sobre la cabeza de Jesús, y los discípulos la regañan por no haberlo vendido para dar el dinero a los pobres. Jesús defiende a la mujer: "Porque siempre tendréis pobres con vosotros —es decir, lo que no haceis por los pobres hoy, lo hareis mañana o la semana próxima—, pero a mí no siempre me tendréis".

La frase "siempre tendréis pobres con vosotros"

viene del libro del Deuteronomio, en la Torá, pero allí tiene el significado opuesto. "Porque no faltarán menesterosos en medio de la tierra; por eso yo te mando, diciendo: Abrirás tu mano a tu hermano, al pobre y al menesteroso en tu tierra." Dicho de otra manera, puesto que siempre habrá pobres, la sociedad debe encontrar la manera de mantenerlos sin que ello dependa de que a uno le sobre dinero después de hacer las compras y pagarse las vacaciones.

Mi amigo Dennis Prager, escritor y periodista de radio en Los Angeles, suele presentar el siguiente problema en sus clases para los jóvenes. Un hombre infortunado cuenta su historia a dos transeúntes. Uno de ellos, conmovido hasta las lágrimas, lo abraza y le da cinco dólares porque no puede hacer más. El otro lo interrumpe y le da cincuenta dólares para hacerlo callar. ¿Cuál de las dos acciones es la mejor? Los jóvenes, a quienes se ha inculcado que lo que vale es la intención, eligen la primera, porque el hombre la realizó de todo corazón. Pero Prager responde que según la ley judía, la acción del segundo hombre es la mejor, porque cincuenta dólares ayudan al mendigo diez veces más que cinco y el propósito de la *tzedaká* es ayudar al pobre, no darle al otro la oportunidad de regocijarse de su propia virtud.

Ahora bien, antes que algún lector clame contra el "fariseísmo" y critique el gesto superficial insensible (los fariseos eran judíos del siglo I que hacían alarde de su devoción, y aunque la mayoría eran sinceros y algunos incluso verdaderamente devotos, hubo suficientes hipócritas entre ellos para darle al término una connotación peyorativa), permítaseme señalar un fenómeno psicológico interesante. Después de tener varios gestos caritativos por razones equivocadas (sentirse poderoso, impresionar al que pide, ganarse el favor de Dios o ver el nombre de uno en una placa), sucede un hecho notable. Uno se siente bien y empieza a mostrarse caritativo por motivos más honrosos.

Durante la década de 1960 yo participé en el movimiento por el otorgamiento de derechos cívicos a los negros. Algunos sostenían que no era el momento de promulgar leyes que dieran acceso a los negros sureños a las instituciones públicas porque la sociedad no estaba preparada para aceptarlo. Pero el presidente Johnson y otros vaticinaron acertadamente: "Que traten a sus vecinos negros como sus iguales, no porque lo deseen sino porque la ley lo ordena. Sus corazones y mentes no tardarán en aprobar su conducta".

Cualquiera que sea nuestra concepción de las buenas acciones acompañadas o no por buenos sentimientos, una de las lecciones importantes del judaísmo es que el dinero de uno en realidad no es de uno, por más trabajo que nos hubiera costado obtenerlo. Es un don de Dios, y Él nos indica que demos una parte a los menos afortunados.

A lo largo de tres generaciones, mediante la educación y el esfuerzo, los judíos norteamericanos hemos llegado a ser una comunidad notablemente próspera y a ocupar un lugar en las clases media y media alta de la sociedad norteamericana (aunque no faltan los judíos pobres, entre ellos muchos ancianos). Pero también somos una comunidad singularmente caritativa. Damos generosamente a Israel, así como a las causas e instituciones judías de Estados Unidos, y con la misma generosidad a la Cruz Roja, las instituciones de investigación médica, los museos y las orquestas. Conozco varios clubes de campo mayoritariamente judíos que requieren al ingresante que presente una prueba documental de sus aportes anuales a causas caritativas. A muchos postulantes les desagrada ese requisito, pero después aprenden a aceptarlo.

Santificamos nuestro poder de la palabra. La alimentación, el sexo y el sentido de territorialidad son comunes a muchas especies animales. Pero se nos invita a santificar lo cotidiano en otro aspecto, que es propio de los seres humanos: el don de hablar. Algunos dirán que "hablar no cuesta nada", pero en el judaísmo las palabras tienen valor. (En hebreo, *davar* significa a la vez "palabra" y "cosa".) Por más que uno diga que "las piedras lastiman, las palabras no", se sabe que no es verdad. Los magullones físicos se curan rápidamente, pero las burlas y los insultos perduran mucho tiempo. Los judíos se toman las palabras muy en serio (¿será por eso que tantos psiquiatras y tantos de sus pacientes son judíos?) porque, desde la destrucción del Templo hace mil novecientos años y el fin de las ofrendas de animales, aquellas son la moneda corriente de las transacciones con Dios. En Iom Kippur pedimos perdón por los pecados de la lengua más que por cualquier otra clase de fechorías. El judaísmo nos invita a usar las palabras para curar, reconfortar a los enfermos y afligidos, hacer las paces entre enemigos. Nos prohíbe utilizar el don divino de la palabra, que nos da el poder de comunicarnos con Dios, para chismorrear o humillar. El Talmud dice que ofender a una persona hasta hacerla sonrojarse o insultarla hasta hacerla empalidecer es una forma de derramamiento de sangre.

¿Cuál es el denominador común de cada asunto tratado en este capítulo? Si eres capaz de conferir una significación religiosa a los actos de comer, hablar, trabajar y hacer el amor, has dado un gran paso al liberar el impulso religioso de los confines de la casa de oración. Significa ante todo que no necesitas encontrar tiempo entre tus múltiples actividades para demostrar tu devoción. Puedes hacerlo en tu manera de tratar no sólo la Biblia sino también los alimentos, el dinero, el sexo. Puedes ser tan religioso en la manera de manejar tu chequera como en la de usar el libro de oraciones, en la manera de hablarle a tu hijo o tu vecino como en la manera de dirigirte a Dios. Si lo haces, habrás dado un gran paso en la santificación de tu vida cotidiana.

La unidad de moneda corriente judía es la *mitzvá*, que se traduce literalmente como "mandamiento": así, se dice Bar o Bat Mitzvá. Desde el punto de vista funcional, *mitzvá* es algo que haces porque sabes que es tu obligación como judío. Desde el encendido de las velas del Shabat o Jánuca hasta hacer una contribución monetaria a la conservación del ambiente, todo puede ser *mitzvá* si lo haces como forma de vivir tu judaísmo. Al realizar una *mitzvá*, el judío tradicional dice una oración previa: "Alabado seas, Señor Dios nuestro, Rey del Mundo, que santificaste nuestras vidas al enseñarnos a realizar la *mitzvá* de... [por ejemplo, encender las velas del Shabat]". Como decía mi maestro, Max Kadushin, "alabado seas, Señor..." implica que Dios está presente. Entramos en presencia de Dios, representamos el acto del Sinaí, no tanto por concurrir a cierto lugar, sino por expresar nuestra identidad judía por medio de una *mitzvá* dondequiera que nos encontremos. No santificamos nuestras vidas mediante la concurrencia a un santuario sino mediante la consagración de lo cotidiano, la transformación de lo habitual en extraordinario.

¿De dónde vienen tantas reglas? Algunas, no todas, se encuentran en la Torá. ¿Quién inventó las demás? La vida judía se basa no sólo en las Escrituras sino también en lo que llamamos la Ley Oral, un conjunto de interpretaciones de la Torá realizadas por escribas y sabios. La vida judía se basa tanto en la Biblia como en las interpretaciones de ella realizadas a lo largo de veintidós siglos.

Por ejemplo, uno de los Diez Mandamientos dice, "no robarás". ¿Qué significa robar? ¿Robo si le quito algo a un amigo mío sin pedirle permiso porque estoy casi seguro de que si se lo pido me lo dará? Si encuentro un objeto perdido y me lo quedo, aunque sé que con un poco de buena voluntad podría hallar al dueño, ¿es eso robo? (Dicho sea de paso, la respuesta a las dos preguntas es "sí".)

Otro de los Mandamientos nos ordena no trabajar en el Shabat. ¿Qué significa "trabajar"? ¿Se refiere sólo al trabajo remunerado, con el que me gano la vida? ¿Encender una fogata? ¿Caminar veinte cuadras cuesta arriba para llegar a la sinagoga? ¿Preparar la cena? (Respuestas: No, sí, tal vez, sí.)

Muchas leyes de la Torá no son transparentes. Requieren una interpretación. Alrededor del año 450 a.C. sucedió uno de los hechos más importantes de la historia del judaísmo. El Rey de Persia envió a Jerusalén a un hombre llamado Ezra como su delegado personal para que impusiera el orden en la provincia persa de Judea. En el siglo anterior, a raíz de la conquista babilónica, los judíos habían dejado de ser una entidad política con patria propia. El Rey de Persia quería que Ezra los reorganizara como grupo religioso —no político— dentro de su imperio. Ezra determinó que la Torá era la ley fundamental para todos los judíos. Pero hizo algo más. Sobre la base de su prestigio como el hombre más culto de la comunidad, y con la autoridad conferida por el Rey, dijo que en lo sucesivo no habría más revelaciones ni profetas. Dios había dicho todo lo que tenía que decir. Nadie más podría decir, "Esto dice el Señor..." La interpretación sucedería a la revelación. Nos convertiríamos en el Pueblo del Libro (aunque la frase sólo sería formulada mil años después, en la época de Mahoma). Si quieres saber qué quiere Dios de ti, no vayas a un oráculo ni esperes que un profeta te lo revele. Lee la Torá: si la respuesta no es clara, relee con cuidado o consulta a un especialista.

Esta política tuvo una serie de consecuencias de la mayor importancia. Los judíos debían saber leer y escribir en un mundo donde predominaba el analfabetismo. Las personas más importantes de la comunidad no eran las más fuertes, apuestas o ricas sino las más cultas, porque eran las únicas que podían descubrir con precisión cómo Dios quería que viviéramos. Así se desarrolló una "aristocracia intelectual": una persona de origen humilde podía llegar a un puesto de autoridad si demostraba capacidad para comprender los textos clásicos. Hace uno o dos siglos, en las comunidades judías de Europa oriental, era frecuente que el hombre más rico de la localidad fuera a la *yeshivá*, la academia judía, para concertar la boda de su hija con el estudiante más destacado.

El estudioso Ernest van den Haag elaboró una teoría para explicar las impresionantes hazañas intelectuales de los judíos. Dice que, en la Edad Media, se alentaba a los jóvenes más talentosos de la comunidad judía a casarse lo antes posible, dedicarse al estudio y tener muchos hijos. En cambio, la sociedad católica alentaba a sus mejores jóvenes a ser sacerdotes y permanecer célibes. No estoy seguro de que tenga razón. Tal vez la respuesta es más sencilla: en una comunidad que honra la superación atlética, todos los jóvenes querrán ser atletas, y los más talentosos tendrán preeminencia. En otra que honra la riqueza, todos tratarán de adquirirla, y los más hábiles o implacables lo conseguirán. Si una comunidad respeta la cultura, todos tratarán de sobresalir en ella. (Hace tiempo oficié como rabino en una próspera congregación de Long Island donde empresarios millonarios se jactaban del éxito y el ascenso social de sus hijos, que ganaban 30.000 dólares anuales como profesores universitarios. Pensaban que sus hijos los habían superado.)

Periódicamente se escribía la Ley Oral, en especial en el Talmud, para que se la pudiera difundir y estudiar. Pero mientras el texto escrito de la Torá no se podía alterar, la Ley Oral siempre estaba sujeta a ampliación y revisión. Se podía aclarar preceptos bíblicos abstrusos. Se podía actualizar leyes perimidas, propias de una sociedad agraria, de acuerdo con las necesidades de una sociedad mercantil. Se podía redactar leyes nuevas referidas a los problemas actuales (los métodos de la medicina moderna o los viajes espaciales) y a la transición de un mundo donde los no judíos eran idólatras hostiles a otro donde probablemente eran cristianos amistosos que compartían la misma tradición monoteísta.

Pero la Biblia era el punto de referencia de todas las leyes nuevas. No se podía decir, "ya que la Biblia no habla sobre los transplantes de órganos, tenemos libertad para determinar lo más conveniente". Por el contrario: "¿Cuáles son las concepciones y enseñanzas bíblicas que nos orientarán para adoptar una posición bíblicamente correcta sobre los transplantes de órganos?"

Es una actitud análoga a la de una Corte Suprema frente a la Constitución de la nación. Obligada a fallar sobre asuntos que los fundadores de la nación no podían prever, la corte debe basar sus decisiones sobre los principios enunciados en la Constitución. Eso es lo que da legitimidad a sus fallos, como la Torá a las decisiones de los sabios judíos.

Durante la mayor parte de nuestra historia, vivimos de acuerdo con estas leyes. No existían las divisiones contemporáneas entre judíos ortodoxos, conservadores y reformistas. Los judíos no eran ortodoxos sino devotos. El judío obedecía la ley porque se sentía judío. Desde luego, no faltaban los chismosos, los comerciantes que estafaban a sus clientes, los que se quedaban en la cama las mañanas frías en lugar de ir a la sinagoga. Pero lo más notable es que el sistema establecido en el Éxodo funcionó en gran medida. El todo era superior a la suma de las partes. Las comunidades judías medievales (en países como Rusia, la Edad Media se extendió hasta el siglo XX) eran unidades autosuficientes, separadas del entorno no judío en todo salvo las transacciones comerciales más elementales. Por más que les faltara fama, fortuna y brillo intelectual, nunca carecían de santidad. Todos sabían leer, nadie se embriagaba, los esposos eran fieles no por temor al juicio de Dios sino porque era lo que sus vecinos esperaban de ellos. Las familias pobres, carentes de talento para la especulación teológica, decían una acción de gracias al comienzo y al final de cada comida, por frugal que fuese. Las personas que tenían apenas lo suficiente para satisfacer sus necesidades básicas daban parte de lo suyo a las viudas y los huérfanos porque reconocían la obligación de la *tzedaká*. Se respetaba el Shabat y se celebraban las festividades. La estrategia de Dios tuvo buenos resultados: no esperes que la gente se eleve por encima de su entorno; crea una comunidad donde la santificación de la vida cotidiana sea un hecho normal.

Pero el mundo medieval dio lugar al mundo moderno, y todo cambió. Las personas empezaron a identificarse como individuos más que como miembros de un grupo reconocido. El mundo moderno ofrecía a los judíos la posibilidad de abandonar la comunidad autosuficiente para participar del mundo más amplio como individuos cuyo rasgo principal no tenía por qué ser su judaísmo. La primera reacción organizada frente al mundo moderno fue el movimiento reformista, iniciado en Alemania en el siglo XIX, que floreció en Europa Occidental y Estados Unidos. El reformismo trató de situar el centro de gravedad del judaísmo en los ideales éticos de la Biblia, que eran comunes a la sociedad occidental en su conjunto (y cuyas raíces eran innegablemente judías), y de restar importancia a los ritos que separaban al judío del gentil. Decía que la religión no debía impedirnos participar plenamente de los mejores frutos de la sociedad. Debía destacar lo que unía a las personas más que aquello que las separaba. (En gran medida, el reformismo siguió y justificó, no causó, la participación de los judíos en la sociedad moderna. No alentó a los judíos a ser menos devotos. Se dirigió a los que abandonaban el judaísmo por el gran mundo para decirles: "Pueden hacerlo sin dejar de ser buenos judíos".)

En respuesta al movimiento reformista surgió lo que llamamos ortodoxia. Ésta difiere de la vida de observancia propia de las comunidades en la época premoderna porque agrega una capa de fe teológica/intelectual consciente a la norma de "hacer lo que hacen los judíos". Considera que el proceso de cambio y adaptación amenaza la integridad del judaísmo. Para el judío medieval, la mitzvá, el acto religioso, es la oportunidad para santificar la vida cotidiana; para el ortodoxo es eso y también una prueba de lealtad. Si existe conflicto entre la voluntad de Dios y las conveniencias o costumbres de la sociedad moderna, ¿cuál de las dos ganará el corazón del judío contemporáneo?

No es casual que el judaísmo reformista floreciera en Alemania, Francia e Inglaterra, donde la "participación en el mundo de los gentiles" significaba acceder a la universidad, la ópera, la buena comida y el vino, mientras la ortodoxia prevalecía en la Rusia y Polonia del siglo XIX, donde, para el común de los judíos, "el mundo gentil" era el de los campesinos analfabetos que se emborrachaban y golpeaban a sus mujeres. ¿Por qué habrían de hacer concesiones en su judaísmo para unirse a ese mundo?

A medida que terminaba el siglo XIX y comenzaba el XX, y muchos judíos cruzaban el mar para radicarse en Estados Unidos, surgía una tercera alternativa, el movimiento conservador. (Me confieso: crecí y me eduqué en ese medio, y durante toda mi carrera fui un rabino conservador, Trato de ser ecuánime, pero no pretendo ser objetivo.) La premisa del judaísmo conservador es que, así como el cuerpo humano sano se deshace constantemente de las células muertas y genera otras, el judaísmo sano se despoja de formas y costumbres que ya no sirven a sus fines originales y crea otras para afrontar las circunstancias cambiantes. Así sucedió durante la historia judía hasta el presente. Bajo el impacto de la modernidad, el judaísmo reformista respondió de manera excesivamente rápida y drástica al cambio rápido y drástico de las circunstancias. Descartó elementos (los ritos sabáticos, las oraciones hebreas) que hubiera podido conservar, y que, en efecto, redescubrió y volvió a adoptar más adelante. Al mismo tiempo, la ortodoxia se sentía tan amenazada por el movimiento reformista que se negaba a introducir los cambios lícitos y necesarios que acaso hubiera adoptado en épocas anteriores, menos defensivas.

Todos estos movimientos han elaborado manifiestos ideológicos, teorías sobre Dios, la Revelación y la Biblia para sustentar sus premisas. Pero mi sospecha es que la decisión de ser reformista, conservador u ortodoxo depende menos de la teoría de la Revelación que uno considere válida, que del deseo de participar de la vida y el modo de vida del mundo no judío que lo rodea. ¿En qué medida está uno dispuesto a sacrificar su estilo de vida por lealtad al judaísmo? (Recuerdo que en el campeonato mundial de béisbol de 1966, Los Angeles perdió el primer partido ante Baltimore porque Sandy Koufax, el lanzador estrella, se negó a jugar en Iom Kippur.) El movimiento reformista floreció debido al fuerte deseo de los judíos norteamericanos de ser como sus vecinos. Últimamente se ha producido un resurgimiento inesperado de la ortodoxia, no por razones teológicas sino porque muchos jóvenes susceptibles rechazan la vulgaridad de la vida norteamericana.

Así, por ejemplo, muchos judíos reformistas estaban dispuestos a comer cualquier plato en un restorán (aunque muchos evitaban la carne de cerdo). Los ortodoxos sólo comían en restoranes que sirvieran comida casher supervisada por el rabinato. Y los conservadores evitaban la carne de cualquier tipo y los mariscos para comer ensaladas, emparedados de atún o acaso pescado hervido.

Los judíos ortodoxos se abstendrían de conducir sus autos, usar dinero o artefactos eléctricos durante el Shabat. Los reformistas tratarían de dedicar el día a las actividades espirituales y familiares adecuadas, algunas de las cuales estaban prohibidas por las reglas tradicionales (mirar televisión, ir en el auto a la casa de los parientes, llevar a sus hijos a un parque de diversiones). Y los conservadores se permitirían ir a la sinagoga en auto si vivían lejos, así como encender la radio o el televisor para mirar programas educativos, musicales o noticiosos, pero no aquellos que perturbaban la serenidad del Shabat.

Los servicios religiosos ortodoxos se oficiaban principalmente en hebreo, y se daba por sentado que todos los participantes estaban en condiciones de participar. Los reformistas se oficiaban principalmente en inglés, a cargo de profesionales, mientras los feligreses mantenían una actitud pasiva. Los conservadores eran principalmente en hebreo y los feligreses participaban con cantos en hebreo y lecturas en inglés. (Recuerdo la reacción de uno de mis profesores del seminario, un judío ortodoxo, la primera vez que asistió a un oficio conservador. Escandalizado por la costumbre del rabino de anunciar el número de página para aquellos feligreses que necesitaban ayuda, me dijo: "Fue como ir a una cena donde el anfitrión anunciara, 'ahora comeremos la ensalada con el pequeño tenedor de la izquierda'".)

Corresponde mencionar otras dos tendencias judaicas. A fines del siglo XVIII apareció en Europa oriental el movimiento jasídico, un intento de dar mayor emotividad al judaísmo excesivamente intelectual de la época y subrayar que Dios amaba a todos los judíos, aunque no fueran capaces de estudiar el Talmud. Hoy los judíos jasídicos son todavía más insulares en el rechazo del mundo no judío que sus hermanos ortodoxos. Mientras al judío ortodoxo se lo reconoce por el hábito de usar el *yármulke* en todo momento, no sólo durante la oración, muchos *jasidim* llevan la vestimenta típica de la Polonia premoderna, donde surgió su movimiento, incluso en el verano de Brooklyn o Jerusalén.

A principios del siglo xx, mi maestro Mordecai Kaplan formó un movimiento llamado Reconstruccionista, que tuvo gran influencia en el reformismo y el conservadorismo de las décadas de 1930, 40 y 50. Mientras el reformismo enseñaba que el judaísmo era esencialmente un conjunto de afirmaciones religiosas y la ortodoxia habla de un conjunto de actos prescritos, Kaplan sostiene que el judaísmo es una comunidad, una civilización. Abarca la historia, la música, la literatura, la lengua y muchas otras cosas que uno habitualmente no considera parte de la religión. La tesis de Kaplan era que el advenimiento del mundo moderno e individualista, que pone el acento en la elección personal, exigía un cambio radical (una "reconstrucción") de lo que el judaísmo ofrecía y pedía a sus adherentes, una transformación tan drástica como la que impuso la destrucción del Templo de Jerusalén. Si el lector cree advertir la influencia de Mordecai Kaplan en este libro y otros escritos míos, tiene razón. (El doctor Kaplan murió en 1983, cuando tenía ciento dos años. Cuando estaba por cumplir cien años, sus alumnos decíamos en broma que viviría para siempre porque Dios, en castigo de sus herejías, no le permitiría averiguar si realmente existía el cielo.)

Ahora que sabes algo sobre la reforma, el conservadurismo y la ortodoxia, te diré que, según un sabio colega mío, estos rótulos y distinciones son obsoletos y carentes de significado. Hay, dice, sólo dos clases de judíos: los serios y los que no lo son. Los judíos serios hacen lo mismo que los de todos los tiempos: tratan de conferir santidad a sus vidas, de santificar sus actividades cotidianas. Tratan de modelar sus vidas de acuerdo con los preceptos del judaísmo, según su expresión reformista, conservadora u ortodoxa. En cambio, para el judío que no es serio, da lo mismo abstenerse de cualquier tipo de servicio religioso o de desconocer cualquier *mitzvá* en su vida cotidiana.

Hace años, asistí a una reunión de clérigos cristianos y judíos a la que cada uno llevaba su almuerzo. El rabino reformista local se trajo un emparedado de jamón y queso, y antes de comer hizo una pausa para el *motzí*, la bendición tradicional de la comida.

—Esa comida no es casher —dijo su colega ortodoxo—. ¿No te parece que eres un hipócrita al bendecirla?

—En absoluto —respondió—. Las leyes alimentarias judías no me parecen válidas desde el punto de vista religioso. En cambio, el hábito de agradecer a Dios por el hecho de tener algo para comer me parece sumamente válido.

Aunque disiento con él sobre el valor de las leyes alimentarias, aprecio la seriedad de su respuesta. Al judío serio se lo reconoce más por sus preguntas que por sus respuestas. ¿Quién es el buen judío? La respuesta no depende de los hábitos alimentarios del individuo ni de la frecuencia de sus oraciones. El buen judío es el que se esfuerza constantemente por ser un judío mejor.

Puesto que vivimos en el siglo xx, cada lector de este libro tiene plena libertad para elaborar su propia respuesta a la trama de la observancia judía. Durante la mayor parte de su historia, ésta fue una carta rígida (así, la guía definitiva de la observancia judía, escrita en el siglo xvi y todavía consultada por los ortodoxos, es el libro *Shuljan Aruj*— La mesa puesta, es decir, el menú fijo). Pero hoy se ha convertido en un bufé en el que cada uno elige lo que desea en la cantidad que quiere y no tiene obligación de servirse nada que le desagrade. No tengo el derecho ni el poder de decirte cómo debes vivir tu judaísmo. No puedo decirte qué debes comer, cuándo debes orar ni cuánto debes contribuir a la *tzedaká*. Sólo puedo exhortarte a que seas serio. No se trata de saber si eres ortodoxo, conservador o reformista. Sería una lástima que los reformistas desconocieran el poder santificador de la tradición judía porque "los reformistas no hacemos esa clase de cosas". Sería igualmente lamentable que los ortodoxos se limitaran a repetir los ritos que conocen desde la infancia sin ser conscientes del notable poder santificador de las cosas que hacen todos los días.

Una tarde, después de una conferencia, invité al auditorio a hacer preguntas. Una mujer levantó la mano, se identificó como judía que trataba de ser buena y honrada, solidaria con sus vecinos y partidaria de Israel, pero que no llevaba una vida religiosa. Me preguntó, seriamente pero en tono desafiante:

—¿Cree que que Dios me querrá más si observo los preceptos casher?

Respondí que no sabía si Dios quería a ciertas personas más que a otras y en ese caso por qué, pero que la pregunta estaba equivocada. Uno no vivía seriamente como judío para ganarse la estima de Dios. Tal vez eso era lo que nos enseñaban en la infancia, pero sólo porque es un criterio propio de los niños, no de Dios. Los niños tratan de portarse bien para complacer a sus padres, maestros y otras personas que consideran importantes (incluido Dios, supongo). Si nuestra percepción del judaísmo se basa en lo que nos enseñaron en la infancia, es lógico que cumplamos los preceptos —concurrir a los oficios, comer casher, decir la verdad—para complacer a Dios.

Pero si superamos esa concepción infantil, dije, comprenderemos que no se trata de vivir seriamente como judíos para ganar la estima de Dios sino para crecer como seres humanos. ¿Se enoja Dios si uno come una hamburguesa con queso? No me parece. ¿Defraudamos a Dios al rechazar sistemáticamente la oportunidad de transformar el desayuno, el almuerzo y la cena en momentos religiosos, de elevarlos del nivel de la subsistencia animal al de encuentros con nuestra propia humanidad al imponer las pautas de lo lícito y lo ilícito en la alimentación. ¿Defraudamos a Dios y nos engañamos a nosotros mismos cuando sólo nos ocupamos de alimentar nuestros cuerpos, cuando nos interesamos por la cantidad de calorías, colesterol e ingredientes artificiales y jamás elegimos nuestro alimento de manera de nutrir nuestras almas judías? Eso sí lo creo.

No se trata de saber cuántos de los centenares de *mitzvot* decides observar, sino de si te interesa hacer lo que siempre han hecho los judíos, experimentar la sensación de estar al pie del Sinaí, introducir la santidad en tu vida al santificar incluso, o sobre todo, los hechos cotidianos. A lo largo de los siglos, personas comunes y corrientes, que no eran santos ni eruditos, supieron hacerlo por amor de Dios y el bien de sus almas. Parafraseando una conocida frase publicitaria, sería terrible derrochar un alma.

4

Santuarios en el tiempo:
el calendario

¿Cómo se mantiene viva la increíble sensación del
encuentro con Dios en Sinaí y la emoción de ser más
humanos, de un modo más importante que antes?
Uno de los medios que nos ofrece la Torá es el de
designar ciertos días para trascender nuestros intereses habituales a fin de liberar nuestras almas para la
contemplación de lo eterno. De la misma manera, los
esposos dedican un día para recordar su aniversario de
bodas, evocar sus sentimientos y promesas de entonces con una concentración que les es vedada por el
ajetreo de la vida cotidiana.

Antes de entrar en las características del calendario
judío y sus festividades, pensemos por un instante en
lo que significa regir nuestras vidas por un segundo
almanaque. El 31 de diciembre descartamos el calendario viejo y el 1 de enero comenzamos un año nuevo.
Nuestras vidas se rigen por los feriados incluidos en
él: anhelamos que llegue el fin de semana largo del
Día de la Independencia. Pero muchos tenemos un
calendario paralelo que también rige nuestras vidas.
Si tenemos hijos en edad escolar, el año nuevo

comienza a principios de otoño y termina a fines de la primavera. Los feriados y las vacaciones dependen de la escuela. Para el futbolista profesional (y el aficionado en la tribuna) el año empieza y termina con el campeonato. Para el comerciante minorista, el ciclo anual gira en torno de las fiestas de fin de año. Existen factores que regulan la sensación del paso del tiempo y el cambio de las estaciones para algunas personas pero no para otras. El calendario paralelo le pone sal a la vida del individuo, ya que le incorpora un ritmo particular en contrapunto con el ritmo social dominante. A fines del verano el Sol se pone más temprano para todos, pero para uno significa que llega el tiempo de las cosechas, para otro el de formar los stocks de mercadería de invierno y para un tercero el comienzo del campeonato de fútbol.

Los judíos utilizamos el mismo calendario que el resto de la población: nuestras vidas, como la de nuestros vecinos, se rigen por el año lectivo, el campeonato y las demandas del mercado. Pero también tenemos un calendario propio que nos permite ser conscientes de hechos que tal vez no ocupen los pensamientos de otros.

Habrás observado que las principales festividades judías ocurren casi siempre en las mismas estaciones —Yom Kippur en la primavera; Jánuca en diciembre, poco antes de Navidad; la Pascua en el otoño—, pero no en la misma fecha. Esto se debe a que el calendario hebreo sigue un ciclo distinto que el de nuestros vecinos. El calendario común se basa en el Sol. El año tiene 365 días, el tiempo que tarda la Tierra en completar una vuelta alrededor del Sol. Está dispuesto de manera tal que el equinoccio de otoño del hemisferio sur, cuando el Sol pasa sobre el ecuador y se producen doce horas de luz con otras tantas de oscuridad, sucede siempre el 21 o 22 de marzo; el día más largo del año, el primero del verano, ocurre el 21 o 22 de diciembre. Los 365 días están divididos en doce meses, casi todos de 30 o 31 días cada uno.

El calendario judío no se basa en el Sol sino en la Luna, con una excepción que veremos luego. El mes comienza con la Luna nueva, cuando aparece el primer recorte luminoso después de que aquélla se oscurece, y dura veintinueve o treinta días, el tiempo que dura el ciclo de la nueva a la media, la llena, la media y otra vez la nueva. (La palabra inglesa month [mes] viene de moon [luna]). Varias festividades importantes ocurren el décimoquinto día del mes, durante la Luna llena. Esto tiene la doble ventaja de que permite reconocer el comienzo de la festividad sin contar con un almanaque y de celebrar la fiesta en la época de mayor luminosidad natural nocturna. En el calendario solar común, el Día de la Independencia, el 25 de diciembre o las fiestas cívicas suceden en cualquier día del ciclo lunar.

(Adivinanza: El último eclipse solar ocurrió el primer día del mes judío. Si éste dura en promedio veintinueve días y medio, ¿cuál es la probabilidad de que el próximo eclipse solar ocurra el primer día de un mes judío? Respuesta: el eclipse solar siempre se produce el primer día del mes judío. Los eclipses se producen cuando la Luna impide que nos llegue la luz del Sol, al situarse entre éste y la Tierra. En ese momento, el lado de la Luna vuelto hacia la Tierra es totalmente oscuro. Es una luna nueva, por lo tanto, comienza un mes judío.)

El año judío tiene doce meses de veintinueve y treinta días alternadamente; así tenemos un año de 354 días, once menos que el del calendario común. Aquí se produce la excepción que mencionábamos, el único cálculo solar del año judío. Si no introdujéramos correcciones en el calendario, el año judío duraría once días menos que el solar, y cada año las fiestas judías ocurrirían once días antes que el anterior. Los judíos tendríamos un tres por ciento más de cumpleaños que los demás. Así sucede con el calendario musulmán, que también es lunar. La fiesta que celebramos este año en la primavera, dentro de cinco o seis años caerá en invierno y posteriormente en el otoño. Pero el calendario judío no lo permite porque, por razones que veremos luego, la Pascua debe caer siempre en la primavera boreal, el otoño austral. Por eso se ha elaborado una corrección muy compleja e ingeniosa. Para impedir que la Pascua llegue antes que el equinoccio de otoño, cada tercer año (más precisamente, siete veces en cada ciclo de diecinueve años) se agrega un mes bisiesto a fines del verano. Así, la Pascua llega siempre a mediados de abril.

Resta señalar dos aspectos técnicos. Primero, el día judío no comienza a medianoche sino con la puesta del Sol. Se suele atribuir esto a la frase bíblica sobre la Creación, "y fue la tarde y la mañana del día segundo [tercero/cuarto]". Pero si uno ha crecido con esa costumbre, parece lógico que la fiesta comience cuando uno está despierto para recibir y celebrarla, y no durante el sueño. Por último, es cierto, como dije antes, que en el calendario judío alternan los meses de veintinueve y treinta días. Pero en ocasiones se corrige la duración de un mes a fin de que Yom Kippur, el ayuno de veinticuatro horas del Día del Perdón, jamás suceda un viernes o un domingo, antes o a continuación del Shabat. De esa manera se evita que la festividad de Succot, cuando se piden buenas cosechas y prosperidad económica, caiga durante el Shabat, cuando tales oraciones serían inoportunas.

Veamos ahora las características de los días especiales que se nos exhorta celebrar.

El Shabat

Se ha dicho que los días santos del calendario judío son "catedrales en el tiempo". Durante la mayor parte de nuestra historia, los judíos hemos sido un pueblo disperso en muchas tierras. La última vez que la mayoría de los judíos vivieron en un solo país fue en la época bíblica. Además, los avatares de la política y la persistencia del antisemitismo nos han obligado una y otra vez a emigrar de una tierra donde vivimos durante muchas generaciones para encontrar otro hogar. Aunque siempre fuimos ciudadanos honestos y leales de los países donde vivimos, aprendimos a no confiar en que residiríamos allí indefinidamente. Por eso, aun en las comunidades judías mas prósperas, las sinagogas eran edificios cómodos pero modestos. Al viajar a través de Inglaterra, Francia o Alemania, uno se maravilla con las magníficas catedrales cristianas donde se congregaban los fieles. Las sinagogas sobrevivientes de Europa no son obras maestras de la arquitectura. En cambio, erigimos nuestras catedrales en el tiempo, no en el espacio; en los sentimientos, no en la piedra. En lugar de tallar el granito, aprendimos a dar forma a ciertos días a fin de que la gente se reuniera a adorar a Dios. La santidad del tiempo era más portátil, más democráticamente accesible que la del espacio. Cuando queríamos experimentar la presencia de Dios, no íbamos a un lugar determinado (ni siquiera Jerusalén cumplió esta función durante la Edad Media, cuando viajar era una empresa difícil y peligrosa), sino que otorgábamos al

83

día una forma y sabor particulares. El mejor ejemplo de ello es el Shabat.

Entre otros aportes mayores y menores a la civilización mundial, los judíos inventamos el fin de semana. Veamos: ¿qué representa la semana? El día es el tiempo de rotación de la Tierra sobre su eje, del alba al ocaso y nuevamente al alba. El mes representa el ciclo de la Luna, de nueva, a llena, a nueva. El año equivale a un giro de la Tierra alrededor del Sol. ¿Y la semana? Es un invento humano, un ciclo de tiempo puramente artificial. En ese sentido es una profunda manifestación de la libertad del ser humano para controlar y dominar el tiempo.

Otros animales viven a merced de su reloj biológico. Algunos están programados para dormir de día y cazar durante la noche, otros realizan sus actividades durante el día y duermen de noche, pero no pueden elegir. El ser humano puede encender la luz y programar toda clase de actividades mientras reina la oscuridad en el mundo. Los osos y otras especies hibernan durante el invierno para no tener que afrontar el frío. Nosotros nos abrigamos y salimos a trabajar. En la mayoría de las especies, la hembra entra en celo en determinada época y los machos sienten el impulso de aparearse con ella. Fuera de esa época, el sexo les es indiferente. El ser humano posee la capacidad singular de experimentar la excitación sexual en cualquier momento del día, mes o año. Controlamos el tiempo; no él a nosotros. Una de las pruebas de ello es que decidimos dividir el tiempo en segmentos de siete días, como hizo la Biblia por primera vez en la historia escrita.

Otra dimensión de la concepción singularmente humana del tiempo es nuestra sensibilidad a las diferencias entre un día y otro, e incluso nuestra capacidad de crear esas diferencias. Nuestro cumpleaños o el aniversario de nuestra boda es un día común y corriente para los demás, pero especial para nosotros porque así lo decidimos en nuestra mente. Eso es para los judíos el Shabat, que va de la puesta del Sol del viernes a la puesta del Sol del sábado.

En la Biblia hay dos razones para que el Shabat sea tan especial. Es tan importante que la Torá le dedica uno de los Diez Mandamientos. (Piénselo bien el que dice: "No necesito rezar ni observar los ritos. Me basta cumplir los Diez Mandamientos." Un viejo chiste judío cuenta que durante un oficio, el rabino lee los Diez Mandamientos y comenta: "Como ven, trabajar durante el Shabat es exactamente lo mismo que cometer adulterio". Un feligrés responde, "Lo será para usted, rabino, pero yo le puedo asegurar que no es lo mismo en absoluto".)

El Shabat es especial en primer lugar porque simboliza y recuerda nuestra liberación de la esclavitud en Egipto. Los esclavos tienen que trabajar todos los días; los hombres y las mujeres libres pueden dedicar un día a sus asuntos particulares. En el mundo antiguo, el cuerpo del esclavo era propiedad de su amo. Dormir hasta tarde y no doblar la espalda para trabajar era el signo de la libertad. En el mundo moderno, el esclavo es dueño de su cuerpo, pero no de su alma ni su tiempo. El que padece el síndrome del "gracias a Dios, es lunes", vive para su trabajo y ve en el fin de semana una mera interrupción de sus ocupaciones preferidas, es un esclavo. El ejecutivo de elevados ingresos que no puede tomarse unas vacaciones o siquiera una tarde para asistir a un partido de fútbol cuando juega su hijo o la función de ballet de su hija es un esclavo. Aunque posea dos casas, tres autos y una gran cartera de acciones, si no es dueño de su tiempo es un esclavo.

Pocos somos totalmente dueños de nuestro tiempo. Todos tenemos que estar a determinada hora en determinado lugar para trabajar. Pero al menos un día de la semana podemos considerarlo propio y sentirnos libres. Yo estudié en la Universidad de Columbia, en Nueva York. Me enteré con sorpresa que la universidad poseía el Rockefeller Center, una de las propiedades más valiosas de Manhattan. Los primeros propietarios la habían donado a la universidad, que a su vez la alquilaba e invertía esos ingresos en becas y otros gastos. Una vez al año se cerraba el Rockefeller Center al tránsito, como afirmación simbólica ante el mundo de que pertenecía a Columbia. Es lo que hacemos cuando declaramos que el Shabat es un día especial. Afirmamos que si bien, aparentemente, durante cinco o seis días de la semana pertenecemos a los diversos intereses comerciales para los cuales trabajamos, no somos esclavos. No pertenecemos sino a nosotros mismos.

En el Sinaí, después de promulgar los Diez Mandamientos, al enunciar las reglas que regirán la vida, el libro del Éxodo da como primera norma la liberación de los esclavos (Éxodo 21:2). Si algo aprendieron los israelitas de su experiencia en Egipto, es que Dios quiere que los seres humanos sean libres para servirlo a Él, no a un amo humano. Al reclamar el derecho de descansar en el Shabat, llevamos esa idea a la práctica. Si en la escuela judía te enseñaron que el Shabat es un conjunto de prohibiciones, una serie de cosas que no debes hacer, tal vez prefieras considerarlo un derecho a reivindicar en tu carácter de persona libre.

La segunda razón que da la Biblia es más sutil: Dios creó el mundo en seis días y descansó el séptimo. Así, se nos dice, debemos trabajar seis días y descansar en el séptimo. (Otro viejo chiste judío. Sastre a cliente:

"Lo lamento, no terminé sus pantalones. Vuelva la semana que viene". Cliente: "¿Por qué tanta demora? Dios hizo el mundo en seis días". Sastre: "Claro, pero vea cómo está el mundo y qué bien están saliendo los pantalones.") Cuando nos negamos a ser bestias de carga que trabajan constantemente, cuando nos obligamos a hacer una pausa para echar una mirada sobre nuestro trabajo y reafirmar nuestra identidad a base de quiénes somos y no qué hacemos (¿por qué será que cuando nos preguntan, "¿a qué te dedicas?", siempre hablamos de nuestro trabajo?), trascendemos el animal que hay en nosotros para que aparezca la dimensión divina de nuestra naturaleza. Las dos palabras que emplea la Biblia hebrea para describir el descanso de Dios en el primer Shabat no son las que se asocian habitualmente con el reposo. La primera significa, "cesó en sus labores", la segunda, "recuperó su alma". Se nos ordena descansar en el séptimo día, en primer lugar para afirmar nuestra liberación de la esclavitud, en segundo lugar para recuperar nuestras almas.

Se nos ordena descansar en el séptimo día, pero la definición de "descanso" es algo más que dormir hasta tarde y evitar las tareas extenuantes. Tiene por lo menos otras tres dimensiones.

En primer lugar, el descanso del Shabat significa dejar el mundo en paz, reprimir el impulso de arreglarlo. Durante los seis días siguientes podremos ocuparnos de los problemas del mundo. Durante un día, no nos ocupamos de él. A veces, la mejor manera de resolver un problema es dejar de preocuparse y que se arregle solo.

En segundo lugar, el descanso sabático significa liberarse de las obligaciones. Uno no está obligado a nada, ni siquiera a concurrir a los oficios. Puede optar por no asistir porque dispone de un tiempo libre que no existe en los demás días. Según mi propia definición, la observancia del Shabat incluiría quitarse el reloj a la puesta del Sol del viernes y no volver a mirarlo hasta la del sábado, pero como rabino de una congregación jamás pude darme ese lujo. Diría que nuestra vida no conoce un capataz más implacable, aunque necesario, que el reloj, que nos obliga a darnos prisa para alcanzar el tren por temor a llegar tarde, ponernos nerviosos cuando nos atascamos en un embotellamiento de tráfico, dejar lo que estamos haciendo o disfrutando porque va a comenzar un programa de televisión que nos gusta o tenemos que acudir a una cita. Un día sin saber ni preocuparme por la hora sería para mí una liberación.

Por último, el descanso sabático significa despreocuparnos de nuestros problemas, de todo lo desagradable e inconcluso. En los oficios sabáticos no hay oraciones por la justicia, la salud y la prosperidad porque tratamos de no pensar en la ausencia de justicia o la falta de salud en nuestras vidas. Por un día, tratamos de contemplar el mundo como debería ser, libre de dolor y de problemas, de aferrarnos a la visión de lo que podría ser si enderezáramos todos los entuertos. Desde luego que los problemas no van a desaparecer. Allí estarán, esperándonos al terminar el Shabat: las cuentas impagas, los conflictos familiares, los problemas laborales. Pero durante un día habremos vivido la experiencia liberadora de no preocuparnos por ellos. Un comentarista sostiene que la prohibición de encender el fuego, formulada en la Torá, tiene un significado algo más que literal: se refiere al fuego de la ira y los celos. No grites durante el Shabat, dice. No discutas ni riñas. No levantes la voz, porque con ello violarías el descanso sabático tanto como si encendieras fuego.

El novelista Herman Wouk, un judío devoto, recuerda la tensión de los días previos al estreno de su obra *El motín del Caine* en un teatro de Broadway. Un viernes por la tarde, dos semanas antes del estreno, cuando faltaban reelaborar varias escenas y todo el mundo estaba nervioso, Wouk le dijo al director que volvería el sábado por la noche.

—No puede hacer eso —protestó el director—. Estamos en el momento crucial. Se han invertido cientos de miles de dólares en esta producción.

—Lo lamento —dijo Wouk—, pero mis obligaciones religiosas son más importantes que el estreno de la obra.

El autor agrega que a la noche siguiente todo el mundo seguía nervioso. En cambio, el descanso le permitió abordar los problemas desde una nueva óptica y resolverlos.

Creo que la moraleja es válida; a mí me ha sucedido lo mismo como escritor. Cuando llega el viernes, dejo de escribir aunque me encuentre en un momento crucial, y después del Shabat vuelvo al trabajo con las energías renovadas. Pero hay un aspecto que me disgusta. El testimonio de Wouk crea la impresión de que la observancia del Shabat es útil porque permite trabajar con mayor eficiencia. El que descansa un día trabaja mejor los otros seis. Yo quiero creer que la observancia del Shabat, como la virtud, es en sí misma una gratificación. Uno no la cumple para trabajar mejor sino para convertirse en un ser humano mejor en aspectos que no tienen nada que ver con el trabajo.

La ceremonia de iniciación del Shabat es uno de los momentos mágicos del judaísmo. Cuando hablo con parejas jóvenes a punto de casarse sobre la manera de llevar el judaísmo a su hogar o con personas que buscan cambiar sus vidas para llenar un vacío espiritual, cuando padres jóvenes me preguntan cómo brindar a sus hijos una formación más religiosa que la suya, mi primera recomendación es que observen los ritos de iniciación del Shabat el viernes por la noche. Tienen un efecto mágico incluso en personas habitualmente no afectas a los ritos. (Digamos de paso que a la persona que empieza a vivir de manera más judía también le recomiendo que adquiera el hábito de la *tzedaká* y que purgue su lenguaje cotidiano, tanto de obscenidades como de chismes maliciosos. Inténtalo; verás que muy pronto te sentirás distinto y mejor.)

En el secundario nos planteaban el problema del árbol en el bosque: si cae en un momento en que no hay nadie que lo oiga, ¿hace ruido? Asimismo, si ningún judío encendiera las velas o se sentara a la cena del Shabat el viernes a la puesta del Sol, ¿seguiría siendo el Shabat o sería simplemente la noche del viernes? Si no la convertimos en algo especial, la noche del viernes es igual que la del miércoles o jueves. Tenemos el poder y la responsabilidad de convertirla en algo especial, de santificarla. Los ritos de la víspera del Shabat, como muchos otros aspectos del judaísmo, expresan que, como Dios, tenemos el poder de transformar lo cotidiano en extraordinario.

La cena del viernes es más formal que la de las otras noches de la semana. La familia se reúne. Nadie llega tarde ni se va temprano. (Un psicólogo amigo mío me dijo para mi gran sorpresa que el indicador más fiable de si un adolescente será buen estudiante secundario, ¡es la frecuencia con que cena con sus padres!) En una casa donde la esposa y madre está presente, ella enciende las velas y alaba a Dios por enseñarle a santificar su hogar mediante la *mitzvá* de encender las velas del Shabat. También existe la bella costumbre de elevar una oración en silencio por el bienestar de la familia: que durante toda la semana próxima reine la paz como en este momento. En ausencia de la madre y/o esposa, cualquiera puede encender las velas.

En un principio, esta tarea obedecía a una necesidad funcional más que a un rito religioso. Al no existir la electricidad, y puesto que en el Shabat no se podía encender el fuego, se encendían las velas a último momento para que la casa no quedara a oscuras. Pero las velas llegaron a simbolizar mucho más que eso: la presencia de Dios en el hogar mediante el difundido símbolo de la llama; la promesa de que la luz y el calor triunfarán sobre el frío y la oscuridad exteriores. La tradición indica que las velas se encienden minutos antes del anochecer. En el verano, cuando anochece más tarde, lo hacemos al sentarnos a cenar y así recibimos el Shabat con algunas horas de anticipación. En el invierno, cuando el Sol se pone mientras algunos miembros de la familia todavía no han vuelto del trabajo o la escuela, el primero en llegar puede encender las velas, pero debe esperar a que la familia esté reunida antes de pronunciar las bendiciones.

En familias con hijos menores donde el padre está presente, es él quien bendice a los niños después del encendido de las velas. Coloca las manos sobre sus cabezas y pronuncia la bendición: "Que el Señor los bendiga y guarde. Que envíe Su luz a sus vidas y los trate con bondad. Que les sea propicio y les conceda shalom, la paz".

Cuando nuestros hijos eran pequeños, ése era para mí el momento más agradable de la semana. La bendición de un niño por su padre, que le dice así que lo ama y le desea la ventura, es un acto profundamente conmovedor. (¿Cuántos adultos se sienten emocionalmente heridos porque sus padres nunca les dijeron que los amaban?) El rito tiene la virtud de indicar cuándo y cómo se debe hacerlo, en lugar de dejar que cada uno encuentre el momento e invente las palabras.

La cena comienza con el *kiddush*, la oración sobre la copa de vino que proclama la santidad, el carácter especial del Shabat, y el *hamotzi*, la acción de gracias por el pan, y por extensión a toda la comida, que vamos a disfrutar. La oración de la copa de vino es una manifestación elocuente de la actitud judía hacia los alimentos, el vino, la vida misma. Tradiciones religiosas tan diversas como el protestantismo bautista y el islam prohíben a sus adeptos el vino y cualquier bebida alcohólica. Así reconocen que, como el sexo y la codicia, tiene el poder de obligar a las personas a hacer cosas que habitualmente no harían. Pero el judaísmo es consecuente con su concepto de que nada de lo que Dios creó es intrínsecamente pecaminoso. No estamos obligados a adorarlo ni reprimirlo; podemos santificarlo. Por eso, el vino —en la cena del Shabat o el Séder de Pascua, en una boda o en la fiesta de circuncisión de un bebé— simboliza la idea de que participamos de un hecho especial, a la vez jubiloso y sagrado. (Una teoría sostiene que pocos judíos son alcohólicos porque se nos enseña a asociar el vino con la santidad, no con los excesos.)

Tal vez los ritos de recibimiento del Shabat todos los viernes a la noche te resulten placenteros por su promesa de serenidad y de comunidad familiar en contrapunto con el individualismo frenético que reina durante el resto de la semana. Pero te detienen dos consideraciones: ¿No me sentiré cohibido al cumplir estos ritos para mí desusados? ¿Y no soy un hipócrita al realizar por primera vez estos actos judíos y descuidar tantos otros?

La respuesta a la primera pregunta es sí, lo más probable es que te sientas incómodo, torpe y cohibido las primeras veces que enciendas las velas y digas una oración: así te sentiste durante tu primera sesión de aerobismo, tu primera clase de tenis, la primera vez que ensayaste una receta nueva. Pero como en estas ocasiones, esa sensación se disipa en poco tiempo.

¿Eres hipócrita al empezar a observar ciertos ritos judíos mientras descuidas otros? De ninguna manera. Hipócrita es aquel que proclama en público un conjunto de valores y rige su vida privada por otro. Es tan hipócrita el que se dice ortodoxo y no practica los ritos, como el que proclama su secularismo y observa los ritos cuando nadie lo ve. Pero sospecho que detrás de la pregunta expresada se oculta la siguiente: Para ser un judío serio, ¿debo observar todo o puedo hacer algunas cosas y descuidar otras?

La respuesta es que casi nadie hace todo, que a todos nos toca elegir. También el judío ortodoxo elige ser devoto. Algunos individuos experimentan una vivencia religiosa que los impulsa a rechazar su modo de vida anterior y cambiar todo de una vez. Para la mayoría de nosotros, eso no es necesario ni posible. Si queremos desarrollarnos en nuestro judaísmo, subiremos la escalera de la observancia de a un peldaño por vez. La recepción del Shabat es un buen primer paso. Una vez que la domines, puedes extender la santidad del Shabat al día siguiente.

Esta es la paradoja del Shabat: el día en sí no es santo, salvo que hagamos una pausa para santificarlo. Pero cuando lo hacemos, los que carecemos de santidad en nuestras vidas descubrimos que el Shabat la devuelve a ella y a nuestros hogares. Me parece milagroso que en un mundo agobiado por la tiranía del reloj y la oficina así como la decadencia del vínculo familiar, la mejor cura para esas plagas modernas se encuentre en una institución de cuatro mil años.

Las principales festividades religiosas: Rosh HaShaná

El calendario judío comienza en la primavera austral (el otoño boreal) con un período de diez días durante el cual pasamos revista al año que finaliza a la vez que expresamos nuestras esperanzas y oraciones para el que comienza. Estos días son especiales no sólo en virtud de la profundidad y solemnidad de las oraciones sino también porque los tomamos muy en serio. En la congregación en la cual oficié durante veinticuatro años, los 270 asientos del santuario eran más que suficientes para recibir a los asistentes al Shabat y otras festividades. Pero para las festividades religiosas de septiembre, desmontábamos el módulo que separaba el santuario de otra gran sala multiuso, instalábamos setecientos asientos y levantábamos una carpa en la playa de estacionamiento para otros cuatrocientos asistentes. (A pesar de lo cual, durante los momentos culminantes del oficio, había personas de pie en los pasillos y el fondo.) Durante esos veinticuatro años, en cada ocasión traté de presidir un oficio tan solemne y pronunciar un sermón tan elocuente que atrajeran el mismo número de asistentes todas las semanas. Y año tras año, las multitudes desaparecían después de Yom Kippur para volver en septiembre.

Nunca comprendí por qué celebramos las fiestas religiosas de manera tan multitudinaria. Creo que se debe en parte a que la época refleja nuestras aprensiones sobre el año próximo. Cuando somos jóvenes, no vemos la hora de que llegue nuestro cumpleaños. Anhelamos tener un año más, pasar al capítulo siguiente de nuestras vidas. Pero nuestro estado de ánimo cambia a medida que pasamos del verano al otoño de nuestro calendario personal. Nos volvemos menos entusiastas y más aprensivos. Somos demasiado conscientes de las incertidumbres de la vida, de las cosas malas que podrían sucedernos a nosotros y quienes nos rodean en el transcurso de un año. Nos reconforta estar en comunidad, rodeados de muchas personas que comparten las mismas esperanzas y temores. Y también es reconfortante una liturgia que nos ayuda a expresarlos con palabras más elocuentes que las que podemos hallar por nuestros medios.

Los dos primeros días de las festividades son el Rosh HaShaná, el comienzo del año. El oficio es largo, solemne y majestuoso. Dos temas predominan en las oraciones de Rosh HaShaná. El primero es el reconocimiento de Dios como Rey. Hacemos sonar el *shofar*, el cuerno de cabra, como se hacía en la antigüedad para anunciar la presencia del Rey. Cantamos los salmos y las oraciones que exaltan la soberanía de Dios en el mundo. Ahora bien, durante un largo período de la historia humana, la metáfora de Dios como Rey sin duda era muy eficaz. Los antiguos probablemente tenían una noción muy vaga de Dios, no así del rey. Esta era una figura todopoderosa, venerable, que formulaba las leyes y tenía el poder de vida o muerte sobre sus súbditos. Uno temblaba en su presencia y trataba de complacerlo. (Aún hoy, cuando la monarquía es un concepto más pintoresco que impresionante, muchos ingleses y norteamericanos ricos y mundanos se emocionan con la perspectiva de conocer a un miembro de la familia real. En Londres vi una vez cómo se reunía una multitud frente a una tienda porque había corrido el rumor de que aparecería un cliente real.)

Pero la metáfora del rey ha perdido su eficacia para la mayoría. (Mejor dicho, tal vez la conserva en exceso. Solemos concebir a Dios como al Rey de Noruega, un tipo distante y jovial, al que se rinde pleitesía a la ligera y se lo usa como figura decorativa en las fiestas y ceremonias oficiales.) ¿Qué puede significar hoy para nosotros la idea de la soberanía de Dios? Puede significar que alguien tiene el mundo a su cargo, que no se lo ha entregado al caos y la anarquía sino que tiene un orden y un propósito. (La tradición judía sostiene que el mundo fue creado el día de Rosh HaShaná, aunque evidentemente nadie está en condiciones de poseer esa información.) También puede significar que el mundo no está a nuestro cargo, que por grandes que fuesen nuestro poder y libertad, individual o colectivos, no podemos controlar, explotar o dominar el mundo como si fuera algo nuestro. Cuando comienza el Año Nuevo se nos recuerda nuestro lugar en el mundo: somos seres importantes y capaces, pero sometidos al imperio de Dios.

El segundo tema del Año Nuevo judío es el del Día del Juicio. En la culminación emocional del oficio (que es muy largo y completo; en él se combinan las palabras y la música para crear un efecto de gran solemnidad), invocamos la metáfora de Dios como juez de la humanidad, que abre los libros, pasa revista a los hechos del año que termina y dicta sentencia para todos. "Se decide en Rosh HaShaná y se confirma en Yom Kippur quién ha de vivir y quién ha de morir, quién ha de prosperar y quién ha de padecer, quién reposará y quién estará condenado a errar..."

Mis padres, nacidos en Europa, contaban que en ese momento del oficio, las mujeres (que ocupaban un lugar apartado de la pequeña sinagoga tradicional) lloraban al contemplar los posibles desastres del año que comenzaba. Los hombres oraban con mayor fervor; sus oraciones adquirían un tono de súplica y angustia. Al salmodiar, "quién ha de vivir y quién ha de morir..., quién por el fuego y quién por el terremoto...", miraban a los amigos y vecinos que los rodeaban, se preguntaban si algunos (o acaso ellos mismos) no vendrían a festejar el Año Nuevo siguiente.

Mi libro ¿*Quién necesita a Dios?** apareció poco antes de las fiestas de 1989. Después de Yom Kippur la editorial me envió a la costa del Pacífico a promocionar el libro por radio y televisión. Y así sucedió que me encontraba en la puerta de un restorán en el centro de San Francisco la tarde del martes que se produjo el terremoto. Duró pocos segundos, y poco después yo era uno más entre la multitud de personas aturdidas, desconcertadas, pero ilesas que atestaban las calles céntricas. Mientras volvía al hotel entre edificios agrietados y el alarido de las sirenas, recordé las palabras de la oración que había elevado con mis feligreses unos días antes: "Se decide en Rosh HaShaná y se confirma en Yom Kippur quién ha de vivir y quién ha de morir... quién por el fuego y quién por el terremoto..." ¿Podía creer, podía aceptar la idea de que Dios había escuchado mi súplica de la semana anterior y dispuesto que yo sobreviviría al temblor a la vez que condenaba a otros a morir en él? He visto morir demasiada gente buena de mala manera y en mal momento como para creerlo.

Tal vez algunos judíos crean literalmente que en

* Emecé Editores, Buenos Aires, 1990.

septiembre-octubre Dios decide su destino para el año que comienza. Semejante fatalismo trae consigo una sensación de alivio de la propia responsabilidad: ("¿Por qué habría de ajustar el cinturón de seguridad o dejar de fumar? Cuando a uno le toca, le toca.") Espero que la mayoría comprenda que lo peor que se puede hacer con una metáfora poética es interpretarla en sentido literal. Por más que uno no crea en un querubín que dispara flechas al corazón de los hombres, no por ello desdeña un tierno poema de amor sobre las flechas de Cupido. Asimismo, no estamos obligados a tomar la metáfora poética de Dios como juez del mundo al pie de la letra o bien descartarla.

¿Qué significa no tomar la imagen al pie de la letra? Puede significar que nuestras acciones son importantes, que Dios conoce nuestra conducta cotidiana y nuestras opciones éticas. (Nuestro destino depende del examen de nuestras acciones.) Puede significar que a Dios le importa saber qué clase de persona somos. O bien, que en última instancia debemos rendir cuentas por la manera que aprovechamos las oportunidades que nos brinda el hecho de estar vivos y ser humanos. O bien que se nos invita a recurrir a nuestra fe para fortalecernos ante las incertidumbres del año que comienza.

Las lecturas de la Torá en las dos mañanas de Rosh HaShaná cuentan la historia de Abraham y Sara, su anhelo de tener un hijo para perpetuar la tradición familiar, el nacimiento de Isaac cuando sus padres ya eran viejos y la desconcertante orden de Dios a Abraham de que sacrificara a su hijo Isaac. Siempre he creído que el objeto de esas lecturas era destacar que la historia es el relato de lo que sucede a esposos y esposas, padres e hijos, no a reyes y ejércitos. Cuando la congregación se reúne para el oficio de Rosh

HaShaná, escucha un mensaje sobre la importancia de transmitir la tradición de una generación a otra, de padres a hijos.

La historia del cuasi-sacrificio de Isaac siempre me ha desconcertado, como creo que les ha sucedido a muchos lectores de la Biblia. ¿Por qué quiso Dios poner a prueba la fe de su dócil siervo Abraham mediante el sacrificio de su único hijo y lo impidió a último momento? Durante los años que nuestro hijo estuvo vivo pero gravemente enfermo y no sabíamos si viviría un año más, me angustiaba leer esa historia. Mi interpretación es que en un principio relataba unas duras pruebas que debió padecer Isaac en el paso de la infancia a la edad adulta, y luego se la modificó para convertirla en la historia de cómo Dios puso a prueba la fe de Abraham.

Después de la lectura de la Torá se hace sonar el *shofar*, un cuerno de cabra hueco que produce una serie de notas estridentes. Se ha dicho que es una forma dramática de proclamar la presencia del Rey, una suerte de "diana" que nos recuerda la importancia del día y una de esas experiencias que resultan memorables porque su cualidad mística trasciende la lógica.

La última parte del oficio de Rosh HaShaná comprende tres series de versículos bíblicos sobre la Soberanía (Dios es el Señor del Presente, el Soberano del mundo), la Conmemoración (Dios es el Señor del Pasado; jamás olvida una acción buena ni mala; todos nuestros actos tienen consecuencias) y la Liberación (Dios es el Señor del Futuro, algún día redimirá a Su Pueblo y Su mundo).

Al culminar el oficio largo y majestuoso de Rosh HaShaná en los primeros días del Año Nuevo, recibimos el mensaje de que vivir en el mundo de Dios es cosa seria, de que debemos meditar sobre nuestras prioridades a fin de utilizar con rectitud el Año Nuevo que se nos ha dado.

El saludo tradicional de Rosh HaShaná es *L'shaná tová tikatevu*: "Que quedes inscrito [en el libro de Dios] para un buen año". El 1º de enero nos deseamos "feliz año nuevo" porque la sociedad secular aspira a la felicidad. En Rosh HaShaná recordamos que nuestro verdadero objetivo no es esforzarnos por ser felices sino por ser buenos. Si lo hacemos, la felicidad vendrá por añadidura.

Yom Kippur

Que yo sepa, ninguna otra religión tiene una festividad parecida a Yom Kippur, el Día del Perdón. Otras religiones conocen el ayuno. Los musulmanes se abstienen de comer durante el mes del Ramadán, pero sólo durante el día: al caer la noche pueden comer y celebrar. El "ayuno" de Cuaresma en las tradiciones cristianas que la observan significa comer menos, y con ciertas restricciones. En cambio, durante Yom Kippur rige la abstención total de comida y bebida durante veinticuatro horas. Durante la tarde y el día siguiente hasta el ocaso se ora en la sinagoga.

¿Por qué ayunamos durante Yom Kippur? No para castigar nuestras debilidades y excesos del año anterior (para eso no bastaría un solo día de ayuno) ni para que Dios se apiade de nosotros al ver cuánto sufrimos por amor a Él. Ayunamos para demostrarnos a nosotros mismos y a los demás que somos humanos.

Como dijimos anteriormente, todos los demás seres vivos están "programados" por el instinto. Sólo los seres humanos pueden rechazar los dictados del instinto. Se puede entrenar a un perro a que no coma por temor al castigo, pero no se le puede enseñar a hacer dieta voluntariamente o a rechazar los alimentos por razones ideológicas. Esto es propio de los seres humanos.

En la traducción tradicional inglesa de la Biblia el mandamiento de ayuno es "haréis padecer vuestras almas", como si fuera una suerte de autocastigo o flagelación. Las traducciones más modernas tratan de expresar la intención original del texto hebreo, que es un tanto ambiguo, con frases que significan "controlaréis vuestros instintos, practicaréis el dominio de vosotros mismos". Puesto que la religión intenta transformar a la gente en seres humanos y Yom Kippur es el día más "religioso" del año en el sentido de que nos liberamos por completo de las distracciones mundanas, ayunamos para demostrar que somos capaces de ese acto suprema y exclusivamente humano de reprimir un instinto básico. Ese día los matrimonios se abstienen del acto sexual, no porque sea un pecado o un exceso (como no lo es el alimento) sino porque es otro símbolo de control de los instintos básicos.

Una de las lecturas bíblicas de Yom Kippur está en la segunda parte del libro de Isaías, el capítulo 28. El pueblo le dice al profeta que ha ayunado y se ha humillado, pero a pesar de los sufrimientos, Dios no escucha sus oraciones. El profeta responde que el fin del ayuno no es conmover a Dios sino enseñar a cada uno a identificarse con los pobres y oprimidos, con los que padecen hambre debido a sus carencias, no por elección o práctica religiosa.

¿Es tal el ayuno que yo escogí, que de día aflija el hombre su alma...?

¿No es más bien el ayuno que yo escogí, desatar las ligaduras de la impiedad, soltar las cargas de opresión, y dejar ir libres a los quebrantados, y que rompáis todo yugo? (Isaías 58: 5-6)

¿Qué hacemos en el Día del Perdón después de eliminar las distracciones mundanas a fin de dedicarlo a meditar sobre nuestra relación con Dios? Buscamos el perdón y la reconciliación, pedimos a Dios que perdone nuestras deficiencias y nos acepte como somos. Durante el año dedicamos mucha energía a tratar de ser perfectos, convencer a los demás de que lo somos, que el error no fue nuestro sino ajeno, que el negocio fracasó por culpa de otro. Como dice una inscripción ingeniosa: "El tipo que sonríe cuando algo anda mal acaba de decidir a quién le puede echar la culpa". Nunca tenemos la culpa de nada. No tenemos conciencia de cuánta energía gastamos en tratar de justificarnos a expensas de otro ni de cuánto nos distanciamos de quienes nos rodean por insistir en que siempre tenemos razón.

Pero en Yom Kippur recibimos el mensaje liberador: "No trates de engañarme con tus pretensiones de ser perfecto. Yo te hice, conozco mejor que nadie tus debilidades y propensión a apartarte del camino. No finjas ser lo que no eres para tratar de impresionarme. Me impresionarás si tratas de aprender de tus faltas y ser mejor de lo que has sido. Después de todo, sé quién eres y en todo caso te amo". La frase en todo caso (implícita aunque no expresada en esos términos en la liturgia de Yom Kippur) es un concepto profundamente liberador. Nos libera de la necesidad de justificarnos, de insistir en que siempre tenemos razón. Nos permite aceptar nuestras deficiencias como primer paso para tratar de superarlas, sin temor de ser condenados o rechazados por no ser perfectos.

Yom Kippur comienza al anochecer del noveno día, cuando comienza el décimo del Año Nuevo, con la oración Kol Nidrei (Todos los Juramentos). Más que una oración, es una fórmula jurídica, un ruego de que se nos libere de las promesas y los juramentos incumplidos del último año a fin de que no se nos pida una rendición de cuentas en el nuevo. No se trata de los compromisos contraídos con terceros sino de los juramentos que hicimos a Dios de cambiar y mejorar, las promesas que formulamos con sinceridad pero no pudimos cumplir. Como suele suceder en la liturgia judía, la oración es memorable debido a la música más que a las palabras. Puesto que la mayoría de las oraciones son en hebreo, la música transmite mejor que las palabras el espíritu del oficio: jubiloso en el Shabat, solemne y temeroso durante las festividades principales, aunque las palabras son las mismas. La música de Yom Kippur transmite la sensación de la debilidad y falibilidad humanas. Queremos ser mejores de lo que somos, elevarnos por encima de nosotros mismos, pero nos retiene una suerte de ley de gravedad. Sin embargo, no perdemos las esperanzas de crecer y mejorar.

El oficio de Yom Kippur tiene un efecto acumulativo. Hora tras hora repetimos las mismas oraciones hasta vencer nuestra resistencia a asumirlas. Confesamos que "hemos engañado, hemos difundido rumores maliciosos, hemos abusado de la comida y la bebida, no hemos honrado a nuestros padres y maestros..." Siempre usamos el plural porque nos presentamos ante Dios como comunidad, sustentados por los méritos de otros judíos y partícipes de sus faltas. Pero al repetir que "hemos errado...", cada uno piensa en sus propias deficiencias y en cómo puede cambiar.

Yom Kippur dura veinticuatro horas y termina con el oficio llamado Neilá, "el cierre de la puerta". La imagen viene de la antigüedad, cuando se cerraban las puertas de la ciudad amurallada al anochecer. Al acercarse el ocaso, uno debía darse prisa para volver antes de que el cierre de la puerta lo dejara afuera. Yom Kippur es una puerta abierta, una "ventana de oportunidad" para echar una mirada franca sobre uno mismo, hallar la manera de cambiar a fin de no sufrir tanta vergüenza el año siguiente al confrontar la propia conducta con las pautas del judaísmo. Si el solemne poder del Yom Kippur, su fuerza acumulada en horas de repetición de las oraciones con toda la comunidad, no nos impulsa a cambiar, nada lo hará. La puerta se cerrará, perderemos la oportunidad.

Las fiestas de peregrinación

No existe relación entre las tres festividades histórico-agrícolas llamadas de "peregrinación" —Sucot, Pésaj y Shavuot— y los Peregrinos que colonizaron Nueva Inglaterra hace casi cuatrocientos años (aunque sí existe una relación histórica entre ellos y la fiesta de Shavuot). La palabra peregrino significa "viajero". Tres veces al año, en determinadas fechas de la primavera, el verano y el otoño, cada judío debía hacer peregrinación al Templo de Jerusalén para agradecer a Dios por las cosechas, rogar que las siguientes fueran buenas y alabar Su intervención providencial en la historia judía, manifestada en esas estaciones del año.

Lo que más me impresiona de las fiestas de peregrinación es cómo combinan las dimensiones agrarias e históricas de cada estación, el pasado y el presente, la naturaleza y la historia.

Veámoslo así. El tiempo se puede concebir de dos maneras. Podemos considerar que es cíclico: lo mismo sucede una y otra vez. Las agujas trazan un círculo tras otro sobre la cara del reloj. Al lunes sucede el martes y a éste el miércoles, semana tras semana. Después de la primavera llega el verano, seguido por el otoño y el invierno. Como dice el Eclesiastés: "Sale el Sol, y se pone el Sol, y se apresura a volver al lugar de donde salió... y nada hay nuevo debajo del Sol."

O bien podemos considerar que el tiempo sigue una dirección: no transcurre en círculos sino de un lugar a otro. Cada día es un nuevo día que jamás existió. Hoy no es cualquier martes sino un martes flamante. Este mes no un paso más en el ciclo recurrente de las estaciones. Es una página en blanco del calendario a la que hay que llenar. La visión cíclica del tiempo corresponde a la naturaleza, la direccional a la historia.

Como veremos, el genio de las fiestas de peregrinación es que han sabido combinar las dos visiones del tiempo, los mundos de la naturaleza y la historia.

Sucot/Cabañas

La fiesta de las cosechas de Sucot tiene dos aspectos acaso sorprendentes. El primero es que los norteamericanos la han celebrado durante toda su vida. El segundo es que en el Israel antiguo la principal festividad no era Yom Kippur sino ésta.

Los norteamericanos, incluso los que jamás pisaron una sinagoga, celebran Sukkot todos los años en el otoño boreal porque es el prototipo del Día de Acción de Gracias de los Peregrinos.* Éstos conocían las Escrituras y sabían que el hombre debía agradecer al Señor por las cosechas. La gratitud es quizás el sentimiento religioso fundamental. Muchas personas que desdeñan los ritos religiosos y los oficios programados sienten gratitud cuando ciertos hechos que no controlan suceden de acuerdo con sus expectativas. Los agricultores saben mejor que nadie que, por más que trabajen, una buena cosecha depende de fuerzas que no controlan.

El sentido instintivo de gratitud era uno de los dos motivos para que los israelitas acudieran en masa al Templo de Jerusalén en Succot. El otro era la oportunidad de pedirle a Dios una cosecha abundante el año siguiente, invocar Su bendición de lluvias abundantes por medio de oraciones y ritos.

Hasta este punto, Succot no se distinguía de otras festividades de otoño comunes a muchas sociedades agrícolas. Su singularidad se debía a que la Torá había injertado un tema histórico al agrario. Las cabañas en las que vivían los judíos durante la semana de la festividad no sólo representaban las carpas en las que dormían los agricultores durante la cosecha para pasar la mayor parte del tiempo en los campos. (La palabra hebrea *sucot*, que se suele traducir por el término rimbombante tabernáculos, en realidad significa "cabañas".) Se convirtieron en el símbolo de los

*El Día de Acción de Gracias, que se celebra el cuarto jueves de noviembre, fue instituido en el siglo XVII por los Peregrinos, disidentes religiosos que habían emigrado de Gran Bretaña a la colonia de Nueva Inglaterra. [N. del T.]

refugios temporarios que habitaban los israelitas durante los cuarenta años de peregrinación de Egipto a la Tierra Prometida. Por consiguiente, el tema dual de la fiesta era: Señor, Tú hiciste gran misericordia a nuestros antepasados al conducirlos a través del desierto hasta la Tierra Prometida [Historia]. Y haces gran misericordia a nosotros, sus hijos, al hacer que llueva y crezcan las cosechas [Naturaleza].

Hoy para observar el Succot construimos cabañas —apenas unas paredes precarias, un techo de ramas, decorados con frutas y flores; digamos que es el equivalente judío del árbol de Navidad— donde comemos y bebemos vino en la época más agradable del año en la mayor parte de Estados Unidos, el comienzo del otoño. Las oraciones en la sinagoga acompañan el rito de sostener en la mano cuatro plantas que crecen en la tierra de Israel. Se llaman *lulav* (una palma con ramos de sauce y mirto) y *etrog* (parecido al limón). Ya no somos agricultores cuyo calendario está sujeto al ciclo de las cosechas, pero puesto que pasamos la mayor parte de nuestro tiempo en ambientes climatizados e iluminados con electricidad, este contacto con el aire libre seguramente nos hace bien.

La recordación histórica simbolizada por la *sucá* (cabaña) añadió a la festividad agraria del Sukkot la dimensión del agradecimiento por tener un techo, por modesto que fuese. Se creó la costumbre de consagrar y ocupar un nuevo hogar en la época de Succot.

Algunos sostienen que el mensaje de Succot trata de algo más que la gratitud por el pasado y las esperanzas en la prosperidad futura. También habla de lo perecedero de las cosas de este mundo. Nuestros hogares son tan vulnerables como la precaria *sucá*; la cosecha se echa a perder si no se la recoge oportunamente. Tras la belleza del otoño viene la esterilidad del invierno. Tal vez por ello los sabios decretaron la lectura en la sinagoga del Eclesiastés, cuyo autor, hastiado del mundo, insiste que "todo es vanidad", nos exhorta a vivir y disfrutar el momento fugaz.

El último día de Sucot es una festividad aparte, llamada Simjat Torá, o alegría de la Ley. Ese día termina el ciclo anual de lectura pública de la Torá: se leen los últimos versículos del Deuteronomio, que tratan de la muerte de Moisés, y a continuación los primeros del Génesis, la historia de la Creación, para comenzar el nuevo ciclo. Los feligreses alzan los rollos de la Torá y bailan con ellos alrededor de la sinagoga. Es un rito conmovedor, una manera de decir que la Torá es una carga (los rollos suelen ser pesados), pero la llevamos con orgullo y alegría. En los últimos años de la Unión Soviética, Simjat Torá era la "festividad principal" de los judíos rusos, el día que se congregaban frente a la sinagoga de Moscú, cantando y bailando, como si dijeran: "Aceptamos con orgullo la carga y la desventaja de ser judío en la Unión Soviética. A pesar de todo lo que hace el gobierno para hacer más pesada esa carga, no la abandonaríamos aunque pudiéramos hacerlo".

Pésaj/Pascua

Una vez oí decir al obispo James Pike que el cristiano es aquel que asume la historia de la Crucifixión y la Resurrección como un asunto personal. Añadió que el judío es aquel que asume de la misma manera la historia del Éxodo de Egipto. En un sentido real, el judaísmo empieza en Pésaj. Es el hecho que transformó a los descendientes de Abraham, Isaac y Jacob en un pueblo convocado por Dios, un pueblo en cuya vida colectiva irrumpió Dios con Su mensaje de liberación.

La historia que relata el Éxodo es conocida. Los hebreos eran esclavos en Egipto. Clamaron a Dios, que hizo descender una serie de plagas sobre los egipcios. Luego Dios ordenó a los israelitas que sacrificaran un cordero, lo comieran juntos y marcaran los postes de las puertas de sus casas con su sangre a fin de que la última y más terrible de las plagas pasara por alto sus hogares y visitara sólo los de los egipcios. Después de la última plaga, el Faraón por fin cedió y a medianoche, bajo la Luna llena, permitió que partieran los israelitas. La brusca partida no les dio tiempo para hacer el pan, de manera que mezclaron harina con agua, hornearon unas tortillas chatas llamadas *matzá* y siguieron a Moisés hacia la libertad. Como recuerdo perpetuo de esa noche, la noche de la primera luna llena de otoño nos reunimos en una solemne cena ritual (llamada el Séder) en la que no comemos pan sino *matzá*.

Los estudiosos han identificado dos tipos de festividades antiguas en la observancia de la Pascua. En la primavera, los pastores sacrificaban un cordero para agradecer a Dios el nacimiento de los animales. (La sabia Naturaleza ha dispuesto que los corderos nazcan en la primavera, cuando el clima no pone en peligro su supervivencia.) Al mismo tiempo, los agricultores ofrendaban una gavilla de trigo nuevo, que empezaba a madurar, también como gesto de gratitud. Hacia fines del invierno, la familia típica sólo contaba con los últimos restos de trigo de la cosecha anterior. El grano, además de escaso, probablemente estaba rancio. Cuando el trigo nuevo estaba maduro, la familia, agradecida y feliz, se deshacía de los últimos restos del grano viejo. Durante unas vacaciones en

Idaho, escuché por la radio que se aconsejaba a los agricultores que descartaran los restos del trigo viejo porque probablemente estaba infestado de bichos que contaminarían el nuevo. La costumbre de descartar el trigo rancio originó la de abstenerse de comer pan y descartar todos los granos fermentados antes de la semana de Pascua. En los hogares tradicionalistas, durante esa semana se utiliza una loza especial, en la que jamás se comen granos, y se elimina hasta el menor resto de materia fermentada: cereales, whisky, cucuruchos de helados.

Pero lo interesante es que nuestra tradición ha agregado una nueva dimensión histórica y moral a las festividades agrícolas de primavera. Así como los corderos nacen en la primavera, en la misma estación nació el pueblo judío, del cautiverio en Egipto, a través de las aguas del Mar Rojo —una metáfora del parto—, a la vida y la libertad. La primavera representa el renacer del mundo, liberado del frío y la esterilidad del invierno, así como la liberación y nacimiento de todo un pueblo. El cordero y la *matzá* son más que símbolos de la gratitud del agricultor. Contienen el mensaje profundo de que la libertad es difícil y onerosa, exige que uno entregue una parte de su subsistencia y comodidades en el camino de la independencia.*

La cena del Séder al comienzo de la Pascua es un ejemplo extraordinario del método educativo judío.

---

*Más de mil años después del Éxodo, los primeros cristianos sometieron el culto pagano de la fertilidad de la primavera a una transformación religiosa similar, al convertir sus símbolos de huevos y conejos que celebran el retorno de la vida después del invierno en una exaltación de la resurrección del Cristo crucificado. Jesús era el cordero cuya sangre en la cruz de madera, similar a los postes de las puertas en el relato del Éxodo, liberaba a sus seguidores del cautiverio, en este caso no físico sino espiritual.

Se sirven comidas especiales que permiten vivir la Pascua mucho antes de enseñar sus ideas abstractas. Año tras año, los niños comen la *matzá* y las hierbas amargas (símbolo de la amargura del cautiverio) y beben cuatro copas de vino. Mucho después se les dice: "Lo hacemos por estas razones". Antes, durante y después de la cena leemos la Hagadá ("relato") del cautiverio y la liberación. Se reserva un sitio en la mesa para el profeta Elías, y en determinado momento se abre la puerta para recibirlo. Según la leyenda bíblica, Elías no murió sino que subió al cielo en un carro ígneo. Así, es un "viajero" entre el cielo y la tierra, el único que conoce los secretos celestiales. Creemos que algún día vendrá para anunciar el arribo inminente del Mesías y la liberación del mundo de todas sus imperfecciones. Por eso, en el último oficio de los festivales de peregrinación, la *haftará*, la lectura de los profetas que se realiza en la sinagoga despues de la lectura de la Tora, es una visión de la redención mesiánica. Por ejemplo, en Pascua se leen los versos de Isaías sobre el lobo y el cordero. Con ello decimos: "Ojalá que antes de que termine el año y vuelva esta fiesta llegue la redención final y el mundo sea como Dios quiere".

En el Séder, el niño menor formula las Cuatro Preguntas (¿Por qué esta noche es distinta de todas las demás noches? ¿Por qué comemos *matzá*, mordemos hierbas amargas, mojamos nuestra comida en salmuera?) El que preside el Séder responde con el relato bíblico del Éxodo, que explica el significado de la *matzá* y los demás alimentos extraños, simbólicos. La costumbre de derramar unas gotas de vino recuerda cuánto sufrieron los egipcios inocentes a causa de la dureza de corazón de su rey. Sentimos su pena, por eso nuestra copa no debe rebosar. (En nuestro hogar, como en otros, además de leer la Hagadá utilizamos sus pasajes más conocidos para simular una discusión sobre los temas de la Pascua: la vida, la liberación, el sacrificio, la gratitud.) Se canta, se bebe, los niños empiezan a sentir sueño. No tiene nada que ver con las cenas apresuradas del resto del año. La mayoría de los niños judíos, para los cuales los oficios en la sinagoga son idénticos e incomprensibles, guardan tiernos recuerdos de la larga y atípica cena de Pascua en casa de los abuelos. Para las parejas jóvenes, la primera vez que son anfitriones del Séder en lugar de ser los invitados de sus familias políticas constituye un hito en su matrimonio.

Como muchas tradiciones judías, la Pascua se celebra principalmente en casa. Según las encuestas, es la fiesta más celebrada por los judíos, no a causa de su mensaje teológico sino porque es una ocasión para reunir a la familia con alegría y buena comida.

El Séder se repite las dos primeras noches de Pascua. Las oraciones y alimentos especiales se prolongan durante ocho días (siete en Israel y en las familias reformistas). El mensaje de que Dios está con los oprimidos contra los poderosos, el relato de que Dios liberó a Israel de la servidumbre humana para que pudiéramos servirle, repercuten a lo largo de todo el año.

Shavuot/Pentecostés, la Fiesta de las Semanas

Shavuot, la tercera festividad de peregrinación, es una anomalía. En teoría es tan importante como Sucot y Pésaj. Puesto que conmemora la entrega de la Torá, debería ser una gran fiesta. Pero en la práctica se ha convertido en la menos observada de las grandes fechas del calendario judío. En el Talmud, las fiestas de Rosh HaShaná, Yom Kippur, Succot, Pésaj e incluso Purim tienen cada una su propio tratado que explica las normas de la observancia. No así Shavuot. En el mundo contemporáneo, Jánuca y Pésaj son festividades sagradas que observamos al mismo tiempo que nuestros vecinos cristianos festejan Navidad y la Pascua de Resurrección. Shavuot es a principios de junio, cuando no hay festividades paralelas en el mundo no judío. Y tal vez el mensaje de Pésaj —"Ya no sereis esclavos"— es más atractivo que el de Shavuot: "Pero debéis vivir esta vida rigurosa y exigente."

¿Qué es esta fiesta que debería ser más conocida y observada? En un principio, como las otras festividades de peregrinación, era una fiesta agrícola. Siete semanas después que maduraba el grano, lo mismo sucedía con los primeros frutos de los árboles. El agricultor los ofrendaba a Dios con una acción de gracias, no sólo porque la naturaleza cumplía su cometido sino porque el descendiente de esclavos cultivaba su propia tierra y alimentaba a su familia.

Después de la época bíblica, los sabios advirtieron que la revelación en el Sinaí tuvo lugar siete semanas después del Éxodo, de manera que los temas de la Revelación y la cosecha se combinaron en una sola festividad, a la manera de la gratitud agraria y la conciencia histórico-moral señalada en las otras fiestas de peregrinación. Shavuot se convirtió en la conmemoración de la Revelación de la Torá. En muchas sinagogas se realizan oficios de Confirmación: después de tres años de estudio de la Torá que siguen al Bar Mitzvá, los adolescentes se comprometen a vivir de acuerdo con la Ley, y de esa manera no sólo leen sobre la Alianza en el Sinaí sino que la repiten.

También existe la costumbre cada vez más difundida de reconocer a los conversos al judaísmo, hombres y mujeres que han experimentado la vivencia que los demás sólo conocemos por los escritos, la de aceptar la Torá como hicieron los judíos en Sinaí. Por eso una de las lecturas en Shavuot es el libro de Rut, cuya protagonista, una moabita, se une al pueblo de Israel que la ha acogido con bondad. (Se cuenta que un rabino, al pronunciar un sermón sobre la Confirmación, la Torá y la Revelación, dijo que Shavuot es la "fiesta de la juventud, la verdad y Rut".)

Cabe mencionar otras dos costumbres de Shavuot. En la mística judía medieval se originó la práctica, últimamente muy difundida, de permanecer despierto toda la noche o al menos hasta medianoche, para leer toda la Torá (o un pasaje de cada uno de los cinco libros) a fin de repetir la experiencia de nuestros antepasados. (Se cuenta que una niña de cinco años se enteró de la leyenda de que si en la medianoche de Shavuot uno eleva la vista al cielo, ve a Dios y Él concede todos los pedidos. Rogó a sus padres que le permitieran hacerlo. Ellos se negaron, pero con una promesa. "Las niñas de cinco años no pueden quedarse despiertas hasta medianoche. Cuando tengas diez años, podrás quedarte despierta y ver a Dios." La niña meneó la cabeza: "¡No! Cuando tenga diez años ya no creeré en esas cosas".)

Otra costumbre es la de comer queso y productos lácteos. Probablemente se relaciona con el hecho de que es verano en el hemisferio boreal y hace calor. Pero una leyenda encantadora dice que al recibir la Torá con sus leyes alimentarias, los israelitas, avergonzados de sus comidas no casher, se deshicieron de todas menos las más sencillas.

El filósofo judío contemporáneo Franz Rosenzweig dice que Dios interactúa con el mundo de tres maneras: como Creador (al forjar y poner en movimiento el mundo natural), como Revelador (al convocar a la humanidad a vivir de acuerdo con Su voluntad y hacerle comprender lo que eso significa) y como Redentor (al introducir la armonía perfecta entre la naturaleza y los seres humanos, causando así el estado ideal del Reino de Dios sobre la Tierra). Las tres festividades de peregrinación representan esas tres formas de interacción. En Succot, la fiesta de la cosecha en medio de la belleza del mundo otoñal, conocemos al Dios Creador, que se manifiesta en la belleza, el orden y el poder de la naturaleza cuando la tierra rinde sus frutos. En Shavuot, la fiesta de la Torá, conocemos al Dios Revelador que nos dio Su Ley en el Sinaí. Y en Pésaj, al recordar el fin del cautiverio en Egipto y el comienzo de la historia del pueblo judío, celebramos al Dios Redentor y anticipamos la redención final.

Una observación más sobre el calendario: en las congregaciones ortodoxas y conservadoras fuera de la tierra de Israel se celebra cada fiesta (Shavuot y el primer y último días de Succot y Pésaj) durante dos días. El mes lunar comenzaba al aparecer la Luna nueva sobre Jerusalén. En épocas cuando la comunicación entre países era lenta, los judíos que vivían fuera de Israel no sabían si la Luna había aparecido sobre Jerusalén antes o después del ocaso en que aparecía para ellos. Para evitar que un día santo fuera vivido como un día corriente, observaban la fecha anterior y la posterior. En Israel y en las congregaciones reformistas se observa un solo día.

Purim, Jánuca, Tishá be Av

Estas tres fiestas conmemoran sucesos históricos posteriores a la época de la Torá; por eso su observancia es menos solemne que las anteriores y está menos clarificada por la ley judía. Purim es la fiesta de la vulnerabilidad judía por excelencia. La historia relata cómo los judíos de Persia, aunque eran leales e inocentes, sufrieron persecusiones y exterminio, pero se salvaron gracias al valor de una mujer y una serie de casualidades afortunadas. Los sucesos, que ocurrieron alrededor del 500 a.C., están relatados en la Biblia, en el libro de Ester. Amán, malvado primer ministro del gran imperio persa, convenció a su crédulo Rey de que sus súbditos judíos constituían una amenaza porque no observaban las mismas leyes y costumbres que los demás persas. El Rey consintió en que se los matara y se confiscaran sus bienes, pero su Reina favorita, la judía Ester, lo disuadió y salvó a su pueblo. Esta historia de peligros y salvación final, digna de las Mil y una Noches, se festeja con diversiones, disfraces, comida y vino: uno está obligado a emborracharse hasta no poder distinguir a los buenos de los malos. (¿Qué otra religión tiene una fiesta en la que uno está obligado a emborracharse y algunos se niegan a hacerlo porque no son religiosos? ¿Es casual que Purim, que viene un mes antes de Pésaj, se parezca tanto al martes de Carnaval, que precede a la Cuaresma y la Pascua de Resurrección?) Un comentarista sostiene que en las festividades de peregrinación reina la felicidad, en Purim la alegría. Ambas tienen cabida en la vida.

Jánuca es la festividad más observada después de Pésaj, no sólo por su importancia propia sino también porque se celebra a fines de diciembre, cuando nuestros vecinos y toda nuestra sociedad festejan la Navidad. De alguna manera, en Norteamerica, Jánuca se ha convertido en la "Navidad judía", que nos permite afirmar nuestra identidad judía y hacer que nuestros niños no se sientan marginados. La comparación es tan engañosa como el programa musical de diciembre en que después de *El Mesías* de Haendel se interpretan canciones infantiles judías, porque Navidad es una de las fiestas fundamentales del cristianismo, mientras que Jánuca es apenas la sexta o séptima en importancia en el año judío.

¿Cuántos saben que si no fuera por Jánuca no habría Navidad? En el el siglo II a.C., la tierra de Israel era una provincia del imperio griego, dividida y gobernada por los sucesores de Alejandro Magno. Se quiso unificar a los súbditos de las distintas provincias mediante la prohibición de las religiones locales y la obligación de adorar a los dioses griegos (y, de paso, al emperador). La mayoría de los pueblos se sometieron al edicto; en la antigüedad se consideraba que los dioses del conquistador eran más poderosos que las deidades propias. Sólo resistían los judíos, aferrados a la libertad y a la convicción de que el suyo era el único Dios verdadero. A pesar de su escaso número, libraron una eficaz guerra de guerrillas hasta que los griegos cedieron y les otorgaron la libertad religiosa. El Templo de Jerusalén, que se había convertido en un santuario griego, fue purificado y consagrado nuevamente a los oficios judíos y se encendió una llama permanente (La palabra Jánuca significa "consagración"). Si los judíos no se hubieran rebelado contra los griegos en el 165 a.C., si se hubieran disuelto en la cultura griega como hicieron otros pueblos del Oriente Próximo, la historia judía hubiera terminado ahí. Hubiéramos caído en el olvido, como los hititas

117

y los ammonitas. Cuando naciera Jesús, un siglo y medio más tarde, ya no existiría el pueblo judío ni nadie que recordara las promesas mesiánicas que él decía cumplir. Sin Jánuca, no hubiera existido la Navidad.

Jánuca se festeja encendiendo una vela la primera noche, dos la segunda y así sucesivamente hasta que la última noche arden ocho velas en el candelabro de ocho brazos llamado Janukia. En la época más oscura del año en el hemisferio boreal lleva un mensaje de esperanza a los oprimidos y melancólicos. Su mensaje es que la luz triunfa sobre la oscuridad, que un poco de luz disipa mucha oscuridad.

Tishá be Av es un día de ayuno (mucho menos conocido que Iom Kipur) en el invierno que conmemora la destrucción del Templo de Jerusalén por los babilonios. Salomón, hijo y sucesor de David, construyó el Templo alrededor del 950 a.C. y convirtió a Jerusalén en la capital religiosa, además de política, del país. Trescientos sesenta años después, los babilonios destruyeron Jerusalén y expulsaron a los habitantes. Tras una batalla larga y sangrienta, la ciudad cayó el noveno día del mes de Av, y los judíos instituyeron el ayuno como forma de luto.

En la siguiente generación, algunos exiliados volvieron a Jerusalén y reconstruyeron el Templo en el solar original. El segundo Templo se conservó durante seiscientos años, y por una funesta casualidad cayó nuevamente un 9 de Av, esta vez ante los romanos. A lo largo de los siglos, ese día ha servido para recordar los sufrimientos y la vulnerabilidad del pueblo judío en el exilio.

¿Por qué algunos judíos observan ayuno por algo que sucedió hace veintiséis siglos? En parte porque ser judío significa ser "prisionero de la memoria", aferrarse a la gloria y los padecimientos del pasado bíblico como si nos hubiera sucedido a nosotros, no a nuestros antepasados de tiempos remotos. La mayoría de los norteamericanos desdeñan la historia, tienden a olvidar los hechos apenas terminan. Los judíos tienden a aferrarse a su historia, incluso a los recuerdos dolorosos o embarazosos. Después de todo, nuestra historia es la del encuentro con Dios y la consumación de Sus propósitos.

Otra razón fue expresada en los primeros años del segundo Templo por el profeta Zacarías. Se le preguntó por qué se observaba luto y ayuno por el Templo de Salomón, que ya estaba restaurado. Respondió que en Tishá be Av no lamentamos tan solo la destrucción de un edificio, sino también esas propensiones del alma humana que causan las guerras, la destrucción de ciudades y la muerte de sus habitantes. El dolor perdura aunque Jerusalén está restaurada.

Iom HaShoah, Iom HaAtzmaut, Iom Ierushalaim

En mi generación, por primera vez en dos mil años, se agregaron tres nuevos días de guardar al calendario judío. Doce días después del Séder de Pésaj, recordamos a las seis millones de víctimas de la brutalidad de Hitler.*

¿Cómo se eligió la fecha? En la primavera boreal de 1943, ese mundo grande y espléndido que había sido

---

*Aunque Holocausto se ha convertido en el término universalmente reconocido para designar la guerra de Hitler contra los judíos, el término me desagrada. El Holocausto bíblico era un sacrificio de animales consumido por el fuego sobre el altar para que ascendiera al cielo convertido en humo. No me gusta pensar que las víctimas de Hitler fueron una ofrenda a Dios. No se las sacrificó; las asesinaron hombres sádicos y brutales, en modo alguno interesados en el Dios bíblico. En hebreo moderno se emplea el término Shoah, Calamidad, para designar la suerte de los judíos europeos bajo los nazis.

la judería polaca había quedado reducido a unos pocos miles de personas encerradas en el gueto de Varsovia. Ante la inminencia de Pésaj, con su mensaje de liberación con la ayuda divina, los judíos sobrevivientes decidieron morir luchando contra los alemanes en lugar de dejarse matar. Con las pocas armas que habían logrado introducir clandestinamente en el gueto, se alzaron contra la fuerza militar que había conquistado toda Europa. Causaron daños importantes a los nazis en Varsovia antes de que éstos sofocaran la rebelión y mataran a los que quedaban. La revuelta comenzó el vigésimo séptimo día del mes hebreo de Nisan. Cuando los judíos decidieron que era tan importante conmemorar la Shoah como la destrucción del Templo de Salomón a fin de que tanta crueldad y valor no cayeran en el olvido, eligieron la fecha de la rebelión del gueto de Varsovia. De esta manera decimos que nuestro recuerdo de la época nazi se refiere no sólo a la imagen del sufrimiento, del judío como víctima, sino también a la imagen del judío representante de la humanidad frente a la brutalidad.

Dos años y medio después del fin de la guerra, las Naciones Unidas dividieron Palestina en dos Estados, uno para los habitantes judíos y el otro para los residentes árabes (tal como en la India, Corea, Vietnam y todos los países donde, tras el retiro de las potencias colonialistas u ocupantes, quedaban dos poblaciones que no estaban dispuestas a compartir el poder). Por primera vez en dieciocho siglos, los judíos teníamos una tierra propia. Más adelante dedicamos todo un capítulo de este libro a destacar la importancia inigualada de este suceso para el espíritu judío. Pero todos los años a partir de 1948, los judíos de todas las tendencias religiosas y políticas festejan Iom HaAtzmaut, el aniversario del moderno Estado de

Israel. Al decir la oración autorizada por el rabinato de Israel, según la cual éste es "el comienzo del florecimiento de nuestra redención", afirmamos que el retorno del pueblo judío a la tierra ancestral no es un fenómeno político corriente. Es un suceso de significación espiritual universal, que lleva en sí la impronta de la mano de Dios.

La independencia de Israel se festeja tres semanas después de Pésaj y apenas una semana después de Iom HaShoah. Muchos ven una relación en esta yuxtaposición de las fechas: con la existencia de Israel, Dios (o el mundo) compensa al pueblo judío por la Shoah. Yo creo que no hay compensación posible para la Shoah. La única relación que admito (más allá de la especulación sobre los sentimientos de culpa de algunos políticos) es que la creación de Israel expresa la vitalidad del pueblo judío, que pervive después del inigualable derramamiento de sangre del Holocausto.

Los que tienen edad suficiente para recordar la Guerra de los Seis Días en junio de 1967, también recordarán la angustia que sentimos por Israel, así como la indescriptible sensación de alivio que nos causó su espectacular victoria, similar a la que siente el que resulta ileso después de contemplar el desastre cara a cara. Los judíos no religiosos se sorprendieron de la fuerza de sus propios sentimientos por Israel y su júbilo ante la recuperación de los santos lugares de la ciudad vieja, que habían permanecido en manos jordanas durante diecinueve años. Se ha creado la costumbre de recordar el aniversario de esa victoria, el vigésimo octavo día de Iyar (el mes siguiente a Nisan), como Iom Ierushalaim, el Día de Jerusalén, y de reconocer la mano de Dios en ese triunfo milagroso, así como nuestros antepasados vieron la mano de Dios al cruzar el Mar Rojo.

Una maldición china dice, "ojalá conozcas tiempos

interesantes". Toda persona, judía o no, que haya vivido en la segunda mitad del siglo xx ha conocido tiempos interesantes, es decir, dolorosos y agitados. Hemos aprendido mucho —tal vez demasiado— sobre la crueldad que el hombre es capaz de demostrar, y también sobre la fuerza del espíritu humano, capaz de sobrevivir a esa crueldad y trascenderla. Hemos aprendido a ver la mano de Dios, no tanto en la calamidad como en que los sobrevivientes han sabido afirmar el valor de la vida y el valor de ser judíos aun bajo la sombra de la calamidad. Para asegurarnos de que jamás olvidaremos esas lecciones, hemos incluido esas fechas en el calendario judío.

Cuando era capellán militar, debía informar al comandante de la unidad sobre la inminencia de las fiestas a fin de que autorizara al personal judío a asistir a los oficios. La frase habitual referida a las festividades de todas las religiones era "días de obligaciones religiosas". No me gustaba esa frase. Considero que las fiestas del calendario judío no son de obligaciones sino de oportunidades religiosas. Cincuenta y dos días al año, el Shabat nos da la oportunidad de salir de la noria de la brega económica y las presiones horarias para afirmar nuestra identidad de hombres y mujeres libres, además de miembros de una familia. Cada primavera, el calendario nos ofrece días solemnes y majestuosos, de purificación y reconciliación, de acción de gracias por las cosas buenas de la tierra y el mundo. Cada verano, Jánuca nos convoca a encender las velas que disipan la oscuridad. Cada otoño, el Séder de Pésaj nos reúne con buena comida, vino, recuerdos familiares y el mensaje de liberación. Setenta y seis veces al año, el calendario judío nos dice que dejemos de definirnos por la manera cómo nos ganamos la subsistencia u ocupamos la jornada y nos identifiquemos por lo que somos y podríamos ser.

5

Nuestras creencias sobre Dios

Hasta ahora hemos hablado sobre muchas cosas, sobre el Shabat y las fiestas, las leyes alimentarias y la decencia en el hablar, pero hemos dicho muy poco sobre Dios. Tal vez esto te sorprenda, porque muchos piensan que al estudiar una religión, lo primero que hay que aprender son sus creencias y enseñanzas sobre Dios. Pero la religión que mejor conozco, el judaísmo, pone el acento en los valores éticos y comunitarios, en el esfuerzo por el devenir plenamente humano en la relación con quienes nos rodean, más que en la naturaleza de Dios.

No obstante, cuando hablamos sobre judaísmo, es evidente que Dios tiene que ocupar un lugar, el más importante, en esa conversación. Dios nos da la capacidad de ser humanos y nos convoca a ser dignos de nuestra potencialidad humana. Nos ha hecho conscientes de lo que debemos hacer para realizar nuestra humanidad. Cada uno de nuestros actos es importante porque interesa a Dios. Sin esa dimensión divina, el problema del trato mutuo entre la gente no sería una cuestión moral sino apenas de buenos modales. Sin la fe de que Dios garantiza nuestra conciencia del bien y del mal, la ley del más fuerte sería tan válida como aquella de "ama a tu prójimo como a ti mismo".

Para comprender y apreciar el judaísmo, debemos hablar sobre Dios, Su existencia, Su naturaleza, la medida de Su conocimiento del futuro, así como el límite entre Su poder y la libertad humana. Debemos hablar sobre Dios a pesar de que nuestro limitado entendimiento humano sólo puede acceder a una comprensión limitada de Dios y ni siquiera podemos expresar con palabras todo lo que comprendemos. Tenemos que hablar sobre Él incluso a riesgo de parecer soberbios en la pretensión de comprenderlo, porque la presencia de Dios en la historia judía es lo que da su significación a esa historia y a la vida de los judíos en el presente.

¿Cómo hemos de hablar sobre Dios? En el libro del Éxodo hay un pasaje extraño (capítulo 33, versículos 18-23), inmediatamente después del incidente en que Dios se enfurece con los israelitas al pie del Sinaí porque han adorado a un becerro de oro y Moisés debe interceder e implorar el perdón divino. Moisés le dice a Dios: "Te ruego que me muestres Tu presencia". Dicho de otra manera, "Quiero conocerte cara a cara, no sólo mediante revelaciones verbales. Si he de persuadir a los israelitas que Te adoren y veneren, y no cometan más deslices como el del Becerro de Oro, debo saber más sobre Ti y qué eres". Dios responde: "No me verá hombre y vivirá. Cuando pase mi gloria, yo te pondré en una hendidura de la peña. Verás mis espaldas; mas no se verá mi rostro".

¿Cómo hemos de interpretar la declaración de que Moisés no verá la cara de Dios, pero sí su espalda? Me parece que no cabe una interpretación literal, de que se puede ver la espalda de Dios. Mi interpretación es que no podemos ver a Dios directamente, pero sí como acción. Podemos ver los cambios que produce en Su paso por el mundo. Así como no podemos ver el viento sino los objetos arrastrados por él, que nos muestran su realidad y su fuerza; así como no vemos la electricidad, pero sí los artefactos puestos en marcha por la corriente eléctrica; así como no vemos el amor, pero sí cómo una persona que ama modifica su conducta, se vuelve más valiente y afectuosa; así, no podemos ver a Dios. Sólo vemos las consecuencias de Su paso.

En un pasaje anterior del Éxodo, otra conversación con Moisés nos enseña algo más sobre el concepto bíblico de Dios y lo difícil que es expresar una idea acabada de Él. Sucede ante la Zarza Ardiente, la primera vez que Dios se dirige a Moisés para ordenarle que se presente ante Faraón y le exija la libertad de los esclavos hebreos. Moisés pregunta (Éxodo 3:13): "¿Cuál es Tu nombre?" Tal vez el lector moderno no comprenda el sentido de la pregunta. No es que Moisés cambie de tema y pregunte, "Discúlpeme, creo que no nos han presentado. ¿Cómo dijo que se llamaba?" En la antigüedad, el nombre era más que un rótulo. Expresaba la esencia de uno, representaba la identidad más que la mera identificación. La pregunta sobre el nombre de Dios significa: "¿Cuál es la naturaleza de Dios? ¿Qué representa?"

Dios responde a Moisés con tres enigmáticas palabras hebreas que no admiten una traducción sencilla: *Ehieh asher ehieh.* Las traducciones corrientes son "Soy el que Soy" o "Seré el que Seré", ambas tan abstrusas como la frase hebrea. Se ha dicho que en un sentido filosófico significa que Dios es puro Ser (lo cual explica todo, ¿no?). Se la ha interpretado como una expresión de la arbitrariedad de Dios, de la idea de que la mente humana no puede comprenderlo ("Seré lo que quiera ser, no trates de desentrañarme"). Una interpretación más persuasiva observa que la palabra *Ehieh* aparece en el versículo anterior al de la pregunta de Moisés, cuando Dios le dice: cuando te presentes ante Faraón, "Yo estaré [*Ehieh*] contigo". En otras palabras, Dios le habría dicho a Moisés: "No preguntes sobre Mi esencia, Mi naturaleza. Es demasiado privada, demasiado Otra como para que puedas conocerla y comprenderla. Pregunta sobre los cambios que puedo introducir en tu vida. Cuando debas realizar una tarea difícil [enfrentar al Faraón, cambiar tus malos hábitos], Yo estaré contigo y te ayudaré en tu brega".

En el resto de la Biblia y en toda la literatura judía posterior, el Nombre personal de Dios es Yhwh (que gramaticalmente es lo mismo que *Ehieh*, pero en tercera en lugar de primera persona: Él es, en lugar de Yo soy). Es una palabra tan santa, tan íntima, que los judíos se negaban a pronunciarla, la reemplazaban por expresiones como "el Señor", "el Nombre", "el Santo". Una vez al año, en Yom Kippur, el Día del Perdón, el alto sacerdote que oficiaba en el Templo de Salomón imploraba a Dios por Su santo Nombre que perdonara a Su pueblo. En cualquier otro momento y para cualquier otro ser humano, pronunciar el Nombre constituía un acto de soberbia imperdonable, la presunción, digamos, de tutearse con Dios.

No podemos comprender el Nombre de Dios, como no podemos comprender a Dios mismo. Pero podría significar los siguientes conceptos o alguno de ellos:

—Dios es.

—Dios es más de lo que podemos comprender.

—Dios está con nosotros cuando nos esforzamos por actuar con rectitud.

Y algo más: mira esos Nombres en hebreo: Ehieh, Yhwh. ¿Observas algo extraño? Casi no tienen consonantes. La Y(o I) y la H no interrumpen el flujo del sonido a la manera de la mayoría de las consonantes. Es sonido casi puro, como el aliento. Al crear los animales, Dios dijo, "Hágase...", pero a Adán le dio vida con el aliento, insufló en él un poco de aliento divino. Apareció así como el aliento vital. Así como el aire invisible que nos rodea es biológicamente necesario para vivir, la presencia invisible de Dios que se nos insufla al nacer y se refuerza cada vez que encontramos el Nombre Divino nos permite funcionar como seres humanos. ¿Qué sucede al final de nuestra existencia humana, cuando morimos? Dios-Yhwh nos reclama el don divino del aliento.

Con respecto a las creencias de los judíos sobre Dios, debemos recordar la Regla número Uno: algunos judíos creen esto, otros creen aquello y no existe una autoridad central que diga quién tiene razón y quién se equivoca. Esto se debe en parte a que la teología cumple un papel relativamente menor en el judaísmo: Dios es importante, hablar sobre Él no lo es tanto. Pero la razón principal es que las afirmaciones sobre Dios se refieren a nosotros más que a Él. Decir que Dios sana a los enfermos no es una declaración sobre la agenda divina sino la afirmación de que al recuperarnos de una enfermedad hemos experimentado a Dios en nuestra vida (no Su cara sino Sus obras). Decir que Dios perdona no es comentar Su estado afectivo sino reconocer que podemos sentirnos limpios de culpa gracias a Su realidad en el mundo. Decir que Dios escucha las oraciones no es describir Su sistema auditivo sino responder a la pregunta sobre si vale la pena rezar. Por consiguiente, las afirmaciones sobre Dios no lo describen a Él (¿quién podría pretenderlo?) sino a nosotros y nuestro mundo, que son distintos gracias a Su intervención. Según un viejo dicho rabínico, "Dios es como un espejo. El espejo no cambia, pero cada uno que lo mira ve una cara distinta". Se podría decir que la concepción judía de Dios es en gran medida una visión idealizada de cómo debe ser la conducta de un ser humano auténtico, creado a imagen de Dios. Los sabios del Talmud dicen: "Así como Dios sana a los enfermos, tú debes sanar a los enfermos. Así como Él ayuda a los pobres, tú debes ayudar a los pobres. Así como Él reconforta a los que sufren y perdona a los que lo decepcionan, tú debes hacer lo mismo".

Por consiguiente, estas líneas resumen lo que dice el judaísmo sobre Dios, sobre la base de años de estudio, reflexiones y enseñanzas de una persona. Tengo la certeza de que desconcertarán a algunos y escandalizarán a otros. No tratan de responder a la pregunta, "¿Qué o quién es Dios?", sino, "¿Cuándo es Dios?" O sea: ¿Qué debe suceder en nosotros y a nuestro alrededor para que reconozcamos la presencia de Dios?

¿Existe Dios? Maimónides, el mayor intelectual y filósofo que haya aparecido en el pueblo judío (vivió en España y el Norte de Africa en el siglo XII), dijo que cuando hablamos sobre Dios en lenguaje humano, somos poéticos o metafóricos. Dios es tan totalmente Otro que no podemos describirlo con las mismas palabras que utilizamos para los seres humanos. Pero debemos hablar sobre Dios, tratar de aprehenderlo, comprender Su papel en nuestras vidas, y no poseemos otras palabras. Maimónides agrega que sólo hablamos sobre Dios con precisión (no en sentido metafórico) cuando lo hacemos por la negativa, es decir, para negar una falsedad sobre Él. La frase "Dios existe" no dice nada sobre Dios; sólo niega que Dios sea un producto de la imaginación, una ficción útil para hacernos sentir mejor, a la manera de Papá Noel o el Ratón Pérez. "Dios escucha nuestras oraciones" tampoco dice nada sobre Dios, sólo rechaza la idea de que rezar es una pérdida de tiempo. Afirmar que hay un solo Dios es una forma de negar la existencia de muchos dioses. Si esto último fuera verdad, no podríamos decir que la Voluntad Divina quiere que seamos buenos; un dios permitiría lo que otro prohibiría. Lo bueno a la vista de uno sería malo para los criterios de otro.

Para la mente bíblica, la existencia de Dios era tan obvia que no requería una profesión de fe. Sería como dudar de la existencia del Sol o de la oscuridad de la noche. La Biblia ordena amar a Dios, temerlo (es decir, venerarlo), obedecerlo, confiar en Él y santificar Su nombre ante el mundo mediante la propia conducta. Jamás ordena creer en Él.

En la Torá hay un pasaje extraordinariamente importante sobre la creencia en Dios. Pero no se trata de Su existencia sino de Su fiabilidad. En el capítulo 15 de Génesis, Abraham le dice a Dios: "Dijiste que yo sería el padre de una gran nación, pero soy viejo, mi esposa y yo no tenemos hijos." Dios le dice que mire al cielo: "Tus descendientes serán tan numerosos como las estrellas". A continuación se dice que Abraham "creyó al Señor y le fue contado por justicia" (Génesis 15:6). ¿Qué significa en este contexto que Abraham creyó al Señor? La existencia de Dios no está en duda, puesto que Abraham ha conversado con Él. Se trata de la fiabilidad de Dios, de si cumplirá Su

129

promesa. Creer en Dios no es afirmar Su existencia sino confiar en Él, otorgarle el beneficio de la duda, creer que ocurrirá lo que debe ocurrir pero aún no ha ocurrido. Es el acto de rectitud, el favor que Abraham (y nosotros) puede hacerle a Dios.

Pensémoslo así: Una mujer está casada con un hombre cuyo trabajo lo obliga a viajar con frecuencia. Las amistades le dicen: "¿No te preocupa lo que hace tu esposo esas noches lejos de casa?" Ella responde: "Creo en mi esposo". Con ello no dice que su esposo existe (lo cual nadie duda), sino que es una persona íntegra, fiel a sus compromisos. Asimismo, cuando los judíos decimos que creemos en Dios, no afirmamos Su existencia sino Su fiabilidad.

El salmista no se pregunta si Dios existe, sino si le interesamos. El verso del Salmo 14, "Dice el necio en su corazón: no hay Dios", se refiere a si Dios tiene en cuenta los actos de los humanos e interviene en sus asuntos. ¿El malvado que comete un asesinato se sale con la suya porque Dios es tan remoto que no se da cuenta o no interviene? Nuevamente, la pregunta no es sobre Dios sino sobre nosotros mismos. La pregunta, "¿le importa a Dios si hacemos el bien o el mal?" no se refiere a Su compromiso afectivo con nuestros asuntos. Es una manera de preguntar, "¿qué importancia tienen nuestras decisiones?", "¿cuál es la significación del contenido de nuestras vidas?" Para la mente bíblica, ateo no es aquel que niega la existencia de Dios desde el punto de vista filosófico, sino el que niega la significación ética de los seres humanos: "El hombre es un animal que obedece a sus instintos; sus actos son moralmente indiferentes".

¿Qué nos exige Dios? He sugerido que Dios quiere que optemos por el bien, que ejerzamos nuestro poder exclusivamente humano de santificar el mundo. No espera que seamos perfectos sino que encaremos nuestras vidas con seriedad. No comprendo esas teologías según las cuales Dios nos acecha a la espera de que cometamos ese error que Le permitirá arrojarnos al infierno. Me pregunto cómo serían los padres de los teólogos capaces de figurarse así a Dios. La frase "Dios nos mira" evoca en mí la imagen de un niño que aprende a andar en bicicleta y le dice a su madre, "¡Mírame!", para que ella se alegre con sus progresos o lo ayude a levantarse si se cae.

¿Qué decir del cielo y el infierno? A lo largo de los siglos, muchos judíos han creído que el cielo es el premio de los justos, sobre todo aquellos que sufrieron en esta vida. En general, cuanto más dura era la vida en este mundo, más seductora tendía a volverse la creencia en una vida feliz en el más allá. Pocos judíos han creído en el infierno. Para ello había que creer en un Dios excesivamente sádico, que se complacía en aplicar castigos. Si bien creemos que Dios representa la justicia y que en ocasiones pagarle al malo con la misma moneda puede ser un acto divino, preferimos concebir un Dios que trasciende ese rencor que Le atribuyen ciertos predicadores con sus sermones sobre los fuegos del infierno.

Prefiero la concepción de Maimónides, de que cuando muere un justo, su alma liberada del cuerpo terrenal vive eternamente en presencia de Dios. Cuando muere un malvado, su alma no goza de ese premio incomparable. ¿Para qué necesitamos el infierno? Que a uno le nieguen la presencia de Dios es castigo suficiente.

¿Es Dios omnisciente y todopoderoso? En cierto nivel, esas preguntas son juegos de palabras. Algunos escépticos preguntan con desdén si "Dios es capaz de crear una roca tan pesada que Él mismo no puede levantarla". Sea la respuesta "sí" o "no", significa que hay algo que Dios no puede hacer. (Digamos de paso que la respuesta verdadera es que una roca tan pesada que una deidad todopoderosa no puede levantarla es una hipótesis contradictoria en sí misma, contraria a la lógica, como un triángulo de cuatro lados. Decir que Dios no puede hacer aquello que es lógicamente imposible no pone límites a Su poder.) Mi posición es que la palabra todopoderoso, u omnipotente, son términos filosóficos, no religiosos. Su finalidad es la coherencia filosófica, no la adoración. La respuesta religiosa la encuentro en la Biblia, que me presenta a un Dios que posee poderes sobrecogedores, pero no controla todo.

Los lectores de mi generación recordarán la kriptonita. Cuando era niño, leía las historietas de Superman. El problema era que el personaje, con su fuerza sobrehumana, su gran velocidad y su visión de raxos X siempre ganaba y nadie podía hacerle daño. Por consiguiente, no había suspenso, como si los campeones mundiales de fútbol jugaran contra un equipo de colegio secundario. Por eso los creadores de Superman inventaron la kriptonita, una sustancia cuya presencia volvía al personaje débil y vulnerable. Sin eso, no habría drama.

¿Cuál es el equivalente bíblico de la kriptonita, la sustancia que limita el poder de Dios? Para mí, son dos: Dios no suspende las leyes de la naturaleza y otorga a los seres humanos el libre albedrío para elegir el bien o el mal, la vida o la muerte (a la vez que nos exhorta, pero no puede obligarnos, a optar por aquélla).

Veamos, por ejemplo, el pasaje de Deuteronomio 20:5-7. Cuando los israelitas se movilicen para la guerra, sus oficiales deben decirles: El hombre que ha edificado una casa y no la ha estrenado, que ha desposado mujer y no la ha tomado, que ha plantado viña y no ha bebido el vino, que se vuelva a su casa, no sea que muera en la batalla y deje una obra inconclusa. Ahora bien, si Dios controla todo lo que sucede en el mundo, ¿por qué no enviarlos a la guerra contando con que Él los traerá de vuelta sanos y salvos? ¿Por qué no se los coloca en primera línea, confiando en la protección que les otorgarán la misericordia y la ecuanimidad divinas? Aparentemente, el Deuteronomio, el libro bíblico que más habla sobre la recompensa de los buenos y el castigo de los malos, reconoce que ciertos hechos escapan al control de Dios.

Las leyes de la naturaleza son una forma de kriptonita bíblica. Aunque puede ser bella y prolija, la naturaleza es moralmente ciega. La caída de las rocas y la trayectoria de las balas obedecen las leyes de la física, indiferentes al daño que podrían causar a las personas inocentes en su camino. Los sabios del Talmud dicen que si un hombre roba semillas y las planta, sería moralmente justo que éstas se negaran a crecer. Pero el mundo natural sigue su curso y las semillas dan sus frutos. Si una mujer es violada, sería moralmente mejor para ella no quedar embarazada ni parir el hijo del violador. Dios no desea que sus hijos sean concebidos de esa manera. Pero el mundo de la naturaleza no es moral, y a veces la infortunada víctima queda embarazada porque las leyes naturales no siempre realizan la voluntad de Dios.

Cuando los seres humanos ejercen su libre voluntad de manera egoísta o destructiva, esa es otra fuente de "kriptonita". Como hemos dicho, sin esa libertad de elección, la gente no podría hacer el bien sino tuviera también la capacidad de hacer el mal. Así los inocentes sufren las consecuencias y debemos creer que Dios siente tanta indignación como tú y yo.

Uno de los atributos bíblicos de Dios es más audaz que la omnipotencia. La Biblia dice que Él puede transformar el mal que hacen los hombres en bien. En la historia de los hijos de Jacob, José es vendido como esclavo por sus celosos hermanos. En Egipto es sirviente y luego prisionero. Gracias a una serie de acontecimientos, llega a ser consejero del Faraón para la distribución de alimentos en épocas de hambre. Los hermanos de José van a comprar alimentos a ese funcionario poderoso a quien no reconocen. Después de someterlos a prueba para cerciorarse de que han crecido y madurado, José revela su identidad y les dice: "Vosotros pensasteis mal contra mí, mas Dios lo encaminó a bien, para hacer lo que vemos hoy, para mantener en vida a mucho pueblo". (Génesis 50:20). Dicho de otra manera, Dios no quería que los hermanos vendieran a José, pero no pudo impedirlo cuando tomaron esa decisión. Lo que sí pudo hacer Dios fue obrar la alquimia espiritual que transformó el infortunio personal de José en fuente de vida. Antes que impedir los injustos padecimientos de José (lo cual Lo hubiera obligado a anular la libertad moral de sus hermanos), orientó a aquél para que transformara esos sufrimientos en un acto de redención.

He conocido ese poder de Dios en mi propia vida. Cuando mi esposa y yo nos enteramos de que nuestro hijo de tres años padecía una enfermedad incurable que causaría su muerte a una edad temprana, yo no pude aceptar la idea de que ese niño inteligente e inocente sufriría y moriría por voluntad de Dios. Pero sí podía creer que ante ese infortunio genético Dios nos daría fuerzas para asumir, sobrevivir y en última instancia trascender esa tragedia. Dios no podía impedir la muerte de mi hijo, pero me mostró el camino para redimirla de las estadísticas al forjar con ella un libro que sanaría a millones.

He visto a otras personas experimentar de distintas maneras el poder transformador de Dios: la esposa divorciada que aprende a ver en esa vivencia, no un rechazo sino una liberación que le permite ser una persona más independiente y auténtica; la terapeuta que utiliza sus penosas vivencias para desarrollar una comprensión de sus pacientes que no podía hallar en los libros. Ambas repiten las palabras de José: Quisiste hacerme daño, pero el Señor me enseñó a transformar la experiencia en una fuente de bien y de vida.

Mi amigo David Griffin, teólogo protestante, me dijo una vez:

—Yo creo que el poder de Dios es ilimitado. Pero no es el poder de controlar sino de capacitar.

Dios no dispone que las cosas sucedan de acuerdo con Su voluntad. Nos otorga la capacidad de conocer Su voluntad y el poder de realizarla si nosotros queremos. Por ejemplo, Dios curará el cáncer, no al decretar un buen día, "Ya está, se acabaron los tumores malignos", sino al dar a los seres humanos la inteligencia y la dedicación para hallar el remedio.

—David —respondí—, me parece un concepto maravilloso. Ahora comprendo por qué en la Biblia y muchos otros textos religiosos Dios aparece bajo la forma del fuego [la Zarza Ardiente, el Sinaí, la Llama Eterna]. El fuego no es un objeto. Es un proceso mediante el cual se libera la energía contenida en un trozo de carbón o de leña. Así actúa Dios. Libera la energía oculta en cada uno de nosotros.

Para ser justo debo reconocer que muchísimos judíos e incluso muchos teólogos judíos creen que Dios es todopoderoso, que controla todo lo que sucede en el mundo y si no comprendemos Sus decisiones, es porque nosotros, no Él, somos limitados. Que los pensadores judíos expresen diferencias tan profundas sobre un problema fundamental me impresiona menos que el hecho de que, a pesar de esas diferencias, podamos rezar juntos y reconocernos como adherentes a la misma fe.

¿Conoce Dios el futuro antes que suceda? Si es así, ¿se nos puede considerar responsables de nuestras decisiones, ya que estaban predeterminadas? Esta pregunta admite tradicionalmente tres tipos de respuestas. Una dice que cuanto más información se posee sobre una situación, mayores serán las probabilidades de anticipar lo que sucederá. Los administradores de las compañías de aviación saben con seis meses de anticipación cuántas personas probablemente viajarán de Buenos Aires a Río de Janeiro un martes; con ese conocimiento, planifican el número y horario de vuelos antes que los viajeros piensen en tomar el avión. Antes de la carrera los apostadores calculan qué caballo ganará y suelen acertar. Los maestros suelen vaticinar cuáles alumnos aprobarán el examen, cuáles lo reprobarán y cuáles encontrarán un pretexto para faltar. Cabe suponer que cuanto más lúcido es el observador y cuanto más precisa es la información que posee, mayores serán sus probabilidades de vaticinar lo que sucederá, sin que ello limite la libertad de los sujetos de actuar o no de acuerdo con ese vaticinio. Y puesto que Dios es más sabio y está mejor informado que cualquier ser humano, Sus vaticinios serán los más precisos.

Pero vaticinar acertadamente el futuro no es lo mismo que conocerlo. Los partidarios de la omnisciencia divina (es otra de esas palabras griegas que agradan a los filósofos; significa "que todo lo sabe") dirán que Dios conoce el futuro, no que formula un vaticinio bien fundado. No se parece al apostador experto sino al director de cine, que conoce el final de la película mientras los espectadores la esperan en suspenso. Pero si Dios conoce el final de la película, ¿somos libres de elegir nuestros actos?

Permítaseme ofrecer una interpretación distinta, acaso difícil de comprender: vivimos en un mundo regido por el tiempo, en el cual el pasado ya sucedió y el futuro nos aguarda. Pero Dios, creador del tiempo, está fuera del tiempo. Pasado, presente y futuro para él son simultáneos. Las palabras como "ya", "aún" y "antes" no tienen sentido para Él. Uno que no es Dios ni puede escapar del marco de referencia limitado por el tiempo no puede comprender la simultaneidad del pasado, el presente y el futuro, así como una figura bidimensional en un cuadro no puede imaginar que se mueve y observa lo que hay detrás de las demás figuras. Piensas que estás mirando una historieta en el suplemento dominical del diario. Desde tu punto de vista, exterior al papel, puedes ver simultáneamente el primer cuadro, el cuarto y el octavo. Para los personajes, los hechos ocurren de manera sucesiva. Tal vez esa es la perspectiva de Dios al observar nuestra conducta, que sucede en el tiempo: conoce el fin desde el principio.

Para verlo desde otro punto de vista, recordaría al lector la advertencia de Maimónides: cuando describimos a Dios en términos del discurso humano, esas palabras no se aplican a Él como a nosotros. Tal vez Dios "conoce" el futuro, pero Su conocimiento no ticne nada que ver con el nuestro sobre el desenlace de una competencia deportiva. Las afirmaciones sobre el conocimiento divino del futuro se refieren más bien a cómo percibimos nosotros el mundo en su evolución. La providencia de Dios (dicho sea de paso, la palabra significa "ver hacia adelante") se nos revela cuando descubrimos que al hacer algo o cuando algo nos sucede, los medios espirituales para afrontar el hecho ya existían y nos aguardaban como si Dios supiera lo que iba a suceder y nos proveyera (de la misma raíz que "providencia") de todo lo necesario.

¿Por qué Dios permite el mal? Ésta es probablemente la más perturbadora de las preguntas referidas a Dios: ¿cuál es Su papel en los sufrimientos y las tragedias que conmueven el mundo? La respuesta merece algo más que un par de páginas, y la verdad es que le he dedicado un libro entero: Cuando la gente buena sufre*. Las respuestas judías son de dos tipos fundamentales.

Históricamente, muchos sabios han reconocido que no podemos comprender los caminos de Dios porque no podemos ver la realidad desde el punto de vista de Dios. No conocemos todos los factores ni las consecuencias a largo plazo. Algunos dicen que Dios sabe qué nos conviene más que nosotros mismos. (Pienso en muchas personas que conozco, deprimidas porque las echaron de sus trabajos, y que me han dicho seis meses después: "Es lo mejor que pudo sucederme. El puesto no me convenía, pero me faltaba valor para renunciar." También pienso en esa canción folclórica norteamericana sobre el hombre que, ya maduro, se

*Emecé Editores, Buenos Aires, 1994.

encuentra con su noviecita de la escuela secundaria. Recuerda que todas las noches rogaba a Dios para que ella lo amara, y se preguntaba por qué Él no respondía a una súplica tan ferviente. Después de verla, dice: "A veces, los mayores dones de Dios son las súplicas no concedidas".) Otros sabios se encogen de hombros, desconcertados, y dicen que no nos corresponde comprender ni explicar a Dios sino tener fe en Él y seguirlo.

La respuesta no me satisface. No se puede responder al sufrimiento de tantas personas buenas con un encogimiento de hombros. Quiero saber de qué lado está Dios: los accidentes, las enfermedades discapacitantes, ¿son obra Suya? Para mí, la respuesta radica en las limitaciones de Su poder, señaladas anteriormente. Las cosas malas suceden a las personas buenas, a veces porque las leyes de la naturaleza no distinguen al bueno del malo, a veces porque Dios no nos quitará nuestra libertad humana, por destructivas que sean nuestras intenciones.

Así, un hecho tan monstruoso como el Holocausto es un acto del Hombre, no de Dios. "¿Por qué Dios lo permitió?" Porque determinó desde el principio que no limitaría nuestra libertad humana de elegir entre el bien y el mal, por más que abusáramos de ella de manera atroz. Si no aprendíamos de la historia, la experiencia o la voz de la conciencia, seguiríamos lastimándonos y matándonos entre nosotros. "En este caso excepcional, ¿no podía apartarse de la norma para salvar millones de vidas?" No estoy seguro de que hubiera podido hacerlo aunque quisiera. Pero teóricamente, en ese caso, ¿no hubiera debido impedir que Stalin y Pol Pot mataran a millones en Rusia y Camboya? ¿O que otros dictadores mataran a miles? ¿O que un loco armado con un fusil de asalto matara a decenas? Si el valor de una vida humana es infinito, si el dolor de la madre de un niño asesinado en el gueto negro es tan grande como el de la madre de una víctima de la Shoa, ¿por qué Dios habría de suspender la regla en un caso y no en otros? En mi opinión, la Shoa no es un problema teológico —"¿Por qué lo permitió Dios?"— sino psicológico: "¿Cómo es posible que seres humanos abusen de su libertad de manera grosera en su trato con sus semejantes?" No atenta contra mi fe en Dios. Al contrario, ahora me es más difícil que nunca creer en el hombre sin Dios.

A los que apreciamos el concepto de la libertad humana, no sólo como solución al problema del papel de Dios en la tragedia sino como una gloria de la condición humana, nos perturba un pasaje de la primera parte del Éxodo, que narra cómo Dios liberó a los esclavos hebreos de Egipto. Para que resulte claro que la salida del cautiverio será consecuencia de una liberación milagrosa y no de la generosidad del Faraón, Dios dice a Moisés que "endurecerá el corazón del Faraón" a fin de que se niegue a liberar a los esclavos hasta que diez plagas devastadoras le hayan demostrado Su poder salvador. ¿Es justo obligar al Faraón a hacer el mal y luego castigarlo por ello? ¿Significa que ciertas personas son crueles porque Dios "endureció sus corazones" y por lo tanto no son responsables de lo que hacen?

La mejor respuesta es la del psicoanalista Erich Fromm en su libro *El corazón del hombre,* y proviene de una lectura cuidadosa del Éxodo. ¡Después de las primeras plagas leemos que el Faraón endureció su corazón (Éxodo 8:11, 8:28)! Sólo después se dice que Dios endureció el corazón del Faraón (Éxodo 9:12, 10:1, 10:20). Esto nos enseña una lección grande y memorable sobre el libre albedrío humano. Tenemos

140

libertad para elegir nuestra forma de vida y nuestra conducta. Pero podemos entregar esa libertad por medio de nuestras elecciones. Cada vez que elegimos un camino en lugar de otro, las consecuencias no se limitan al momento sino que modifican las probabilidades de nuestra próxima elección. Por ejemplo, si hacemos trampa en nuestra dieta o damos información falsa en nuestra declaración de impuestos, la próxima vez que debamos elegir, nos veremos no sólo ante la misma tentación sino también ante el recuerdo de que somos cierta clase de persona, la que hace trampas y miente. Uno puede elegir libremente empezar a depender de las drogas o el alcohol hasta el grado de que ya no podrá elegir libremente abandonarlos.

Pensemos en alguien que ha llegado a una bifurcación y debe elegir entre dos caminos igualmente accesibles. Cada paso por el camino A facilita el avance por él y dificulta el retorno para elegir el camino B. La elección pareja se ha vuelto dispareja.

La primera vez que Moisés compareció ante el Faraón, este ultimo hubiera podido decir sí o no con igual facilidad. Pero cada vez que decía que no, aumentaban las probabilidades de que diera la misma respuesta en la ocasión siguiente. Además de salvar su orgullo y no reconocer su error, debía enfrentar su propia imagen de hombre que rechazaba el clamor de los esclavos por su libertad.

¿Somos libres para elegir o nos obliga Dios a tomar determinadas decisiones? Al principio somos libres, pero cada decisión equivocada significa ceder a una parte de nuestra libertad hasta que al fin tal vez sea verdad aquello de que "no me quedaba alternativa". Pero sería un error culpar a Dios o decir, "el diablo me obligó". El judaísmo no necesita inventar un demonio: la debilidad y el egoísmo humanos son explicación más que suficiente de los embrollos en los que nos hundimos.

Claro que el proceso inverso es igualmente eficaz. La primera vez que realizamos un acto esforzado o valiente, tenemos que obligarnos a nosotros mismos. Pero a medida que lo repetimos, se convierte en "parte de nuestra naturaleza"; se disipan las dudas y la incertidumbre, nos convencemos de que somos "la clase de persona que actúa así". Como dice el Talmud, "el verdadero premio de una buena acción es que la siguiente resulta más fácil, y el verdadero castigo del pecado es que la próxima vez es más probable que volvamos a cometerlo".

¿Es Dios una persona? ¿Es masculino? Una lectora de mis libros anteriores se quejó de que cuando hablo de Dios, siempre digo "Él". ¿Creo que Dios es exclusivamente masculino? Si es así, ¿puede una mujer evitar relacionarse con él como con otros hombres poderosos que entran en su vida: con suspicacia, seducción y hostilidad?

Cuando trato de pensar en Dios, inmediatamente me veo ante un dilema. Sé que Dios no es un anciano que vive en el cielo. Sé que pertenece a un orden de la realidad distinto del mío. Es una fuente de energía, propósitos y bondad, pero carece de cuerpo físico, de brazos, piernas, barba, órganos sexuales. Pero no sé concebir la realidad de Dios si no pienso en Él como persona, aunque soy consciente de que cometo un error. Dios no es una persona como tú y yo, lo sé. Pero tiene personalidad en el sentido de que representa ciertos valores; no es una fuerza ciega e impersonal como la gravedad.

En al menos un sentido, Dios es personal: ciertas fuerzas, como la gravedad y las leyes de la física, son impersonales. Nos tratan a todos por igual. El cuerpo de una persona que cae del techo de un edificio alto sufirá una aceleración determinada, independientemente de la clase de persona que sea o el motivo de la caída. Puede ser joven o viejo, casado o soltero, justo o pecador. Nada de eso modificará el tiempo que tardará en llegar al suelo.

Otras fuerzas —el amor, el valor, la curación— son personales. Cada uno responde a ellas de distinta manera. Se filtran a través del prisma de nuestra personalidad singular. Dios, autor del amor, el valor y la curación, es personal para cada uno de nosotros al menos en ese sentido.

En la Biblia, Dios es gramaticalmente masculino ("Él es la Roca cuya obra es perfecta..."; las palabras como Señor son masculinas). Pero desde el punto de vista funcional, es masculino y femenino. A veces, como un padre, promulga la ley, exige, convoca. En otras ocasiones actúa como una madre, alimenta, nutre, protege. En un pasaje de la Midrash se describe a Dios como mujer y se dice que Moisés es Su esposo.

La gramática del hebreo antiguo, como la del castellano y otros idiomas que evolucionaron en un contexto social en el cual los hombres detentaban el monopolio del poder, se basa en el presupuesto de que los hombres son la norma y los no varones una desviación de ésta. Se supone que los seres humanos son hombres salvo que se indique lo contrario. ("Para nosotros, para nuestra posteridad y para todos los hombres de buena voluntad..." En algunos pocos casos, la desviación puede ser superior a la norma; así, entre los militares, el "oficial" suele dirigirse a sus "hombres".) Concedo de buen grado que este trato es injusto y denigrante para con las mujeres, pero no conozco una alternativa mejor. El uso de un pronombre neutro como "eso" sugiere un Dios mecánico, incapaz de sentir amor, ira u otras pasiones humanas. Alternar los géneros ("Con pandero y arpa a Él canten, con timbales a Ella alaben") me parece que sólo sirve para llamar la atención sobre el problema del sexo de Dios. En una congregación donde modificaron el libro de oraciones para alternar los pronombres Él y Ella, un asistente murmuró al término de un oficio: "Parece que son una excelente pareja". En otra también modificaron las oraciones para referise a Dios como "Tú", nunca como "Él" ni "Señor" o "Rey". Está bien para las oraciones, no tanto para las discusiones teológicas. Sé que esto molesta a muchas mujeres devotas, y no conozco la solución. A lo sumo, puedo sugerir que tratemos el sexo de Dios igual que Su anatomía, las referencias a Sus ojos, oídos, rostro, etcétera. Utilicemos el lenguaje tradicional y recordemos siempre que debemos interpretarlo de manera metafórica, no literal.

Insistamos en la advertencia de Maimónides, de que sólo podemos hablar negativamente sobre Dios. No podemos decir qué es, sino sólo negar las descripciones erróneas. Sin embargo, hay un momento clave en la vida judía en la cual aparentemente hacemos afirmaciones sobre Dios, decimos lo que es o al menos lo que hace. En todo oficio judío, sea del Shabat, una festividad o un día cualquiera de la semana, la oración central es la Amidá, o las Dieciocho Bendiciones. Los días de semana se dicen todas las bendiciones (que no son dieciocho sino diecinueve desde que se agregó una más); en el Shabat se omite la mayoría de los párrafos, que no corresponden al espíritu del día. Aquí me referiré a la versión diaria. La mayoría de los judíos, incluso los que la rezan periódicamente, no son conscientes de que es una de las formulaciones teológicas más acabadas del judaísmo, un inventario de los momentos de nuestra vida en los que nos encontramos frente a Dios. (Véase el texto del Amidá cotidiano al final de este capítulo.)

¿Qué afirmamos sobre Dios cada vez que repetimos esta liturgia cada mañana y cada noche?

—Que el Dios a quien rezamos es el mismo que descubrieron y adoraron nuestros antepasados; por eso, al dirigir nuestras oraciones a Dios, nos identificamos como descendientes suyos. Solomon Schechter, fundador del judaísmo conservador, dice que a diferencia de la doctrina cristiana del "pecado original", el judaísmo cree en la "virtud original". Partimos de la base de que nacemos en proximidad con Dios porque somos los bisnietos de Abraham, Isaac y Jacob. Nuestra identidad judía fue forjada por la relación con nuestros padres, abuelos y las generaciones de judíos que los precedieron y nos transmitieron una fe, más que por la relación directa con Dios. Nos volvemos a Dios porque somos sus descendientes, y Él se ocupa de nosotros por la misma razón.

—Que Dios concede la inmortalidad a los muertos. No sólo desconocemos lo que sucede cuando termina esta vida, sino que no comprenderíamos cómo sería la vida como espíritu incorpóreo aunque alguien pudiera explicárnoslo. Pero decimos que la muerte no es el fin, que la gente vive en nuestros corazones, en las obras que realizaron en el mundo y en la mente de Dios. Él da importancia a nuestras vidas: por eso somos inmortales y la perspectiva de la muerte es menos aterradora.

—Que Dios es la fuente de santidad. Para la mente científica objetiva, cada día es igual a otro, tiene veinticuatro horas. Pero sabemos que cada día es distinto.

Algunos pasan sin dejar rastros, otros provocan cambios indelebles en nuestras vidas. Somos humanos porque, entre otras cosas, sabemos distinguir un aniversario, un cumpleaños, una festividad de los días que lo rodean. Físicamente, todos los libros son iguales. Nuestra humanidad nos permite reconocer que algunos libros son sagrados. Dios es la fuente de nuestra capacidad singularmente humana de reconocer las cualidades invisibles que dan su carácter sagrado a determinados objetos, edificios, lapsos de tiempo.

—Que Dios nos ayuda a crecer y evolucionar. ¿Cuándo está Dios? ¿Cuándo se vuelve una realidad en nuestras vidas? Cuando descubrimos bruscamente que podemos hacer algo que antes era muy difícil (este es uno de los descubrimientos más estimulantes para los niños). Cuando una mirada retrospectiva nos muestra que nos hemos vuelto más sabios y prudentes. Identificamos a Dios como fuente de esa evolución.

—Que Dios perdona. En realidad, el perdón de Dios no es tanto una afirmación de que Él ya no está enojado con nosotros, como una descripción de que a pesar de nuestros errores nos sentimos aceptables en Su presencia; de que no estamos condenados a llevar la carga de las faltas cometidas en el pasado. En esa sensación purificadora reconocemos un encuentro con Dios. El hombre enfrascado en su trabajo que olvida su aniversario de bodas necesita el perdón de su esposa, no para repetir esa falta sino precisamente para saber que no siempre será esa clase de persona. Si ella no lo considera un negligente incurable, él tampoco debe tener esa imagen de sí mismo. Y el hombre enfrascado en sí mismo, que ha cerrado sus oídos al clamor de los pobres y descuidado la dimensión espiritual de su vida, necesita el perdón de Dios como primer paso para superar la mezquindad de su alma.

—Que Dios cura a los enfermos. Esto no significa que cura a todos ni que decide quién sanará y quién no. Pero cuando nos recuperamos de una enfermedad, el notable poder regenerador de nuestro cuerpo, así como la pericia y la dedicación del médico, vienen de Dios. Nuevamente, el poder de Dios "no es el de controlar sino el de capacitar".

—Que Dios hace que llueva, que crezcan los cultivos y que los alimentos resultantes nos den fuerzas. Los antiguos israelitas eran agricultores. Sabían que por más que trabajaran, la cosecha dependía de las lluvias que caían del cielo y de que la tierra obrara el milagro de transformar las semillas, el suelo y el agua en alimentos apetitosos y nutricios. Vivimos en un mundo de alimentos abundantes, envasados y vendidos en supermercados, pero nuestras oraciones nos recuerdan esa dependencia última.

—Que Dios representa la justicia, castiga a los malos y defiende a los inocentes. Si algún lector prefiere pedir que Dios "perdone a los malos y defienda a los inocentes", le recuerdo un dicho de los sabios: "El que es bueno con los crueles acaba por ser cruel con los buenos". Dicho de otra manera, cuando no se atribuye a un criminal la responsabilidad por sus faltas, se lo disminuye en su humanidad (la responsabilidad por la propia conducta distingue a los seres humanos de los animales), se atenta contra la confianza que el agraviado debe depositar en la justicia y además se corre el riesgo de que, en lugar de redimirse por el perdón, el victimario se sentirá libre para buscar nuevas víctimas. (Quiero subrayar que hablamos de justicia, no de venganza, que es la justicia contaminada por la satisfacción de hacerle mal a alguien.)

—Que Dios ama de manera especial al pueblo

judío, la tierra de Israel y la ciudad de Jerusalén. Ya hemos analizado la cuestión del pueblo judío como elegido por el amor de Dios: Él ama y se ocupa de todas Sus criaturas, humanas y de todo tipo, pero Israel es Su primogénito (así nos llama en Éxodo 4:22). Los judíos fueron la primera comunidad del mundo que conoció a Dios y a su vez Lo dio a conocer al mundo. Por eso siente un afecto especial y deposita sus esperanzas en ellos, sentimientos que un padre humano podría depositar en su primogénito. Quiero agregar unas palabras sobre Jerusalén, ciudad en la que hice mis estudios de posgrado, a la que visito con frecuencia, conozco y amo. Es sagrada para tres grandes religiones y amada por millones. Pero sólo los judíos le dirigen sus oraciones. Nos volvemos hacia ella cuando rezamos. Nuestras sinagogas están orientadas hacia ella. El judío tradicionalista dice su nombre en sus oraciones quince o veinte veces por día, y ayuna en Tishá be Av, el aniversario de su destrucción por los babilonios hace veinticinco siglos.

—Que finalmente Dios hará que el mundo sea como Él quiere (lo cual es mi paráfrasis de la espera del Mesías). Así como la ley de Murphy dice que si algo puede salir mal, así será, la respuesta judía es que lo que algún día deberá ser, será: no siempre ni inmediatamente, pero en última instancia todo será como debe ser. No es una promesa ("no te preocupes, todo saldrá bien"), sino más bien un mensaje de esperanza ("no te rindas; lo que tu alma anhela no es imposible").

La oración diaria de la Amidá

(La siguiente es una versión contemporánea de la Amida cotidiana tradicional realizada por los rabinos

Daniel Goldman y Mario Rojzman. No es una traducción literal sino una versión fiel, religiosamente rigurosa. Sugiero que la leas, no como guión para tu diálogo con Dios sino como un mapa de ruta de los distintos caminos por los que Dios puede volverse una realidad en tu vida.)

1) Nuestros antepasados Te adoraron. Abraham y Sara, Rebeca e Isaac, Jacob, Raquel y Lea sintieron temor reverencial por Ti. También nosotros nos dirigimos a Ti, Dios infinito, imponente y trascendente, fuente de todo ser cuya verdad magnifica las vidas de nuestros antepasados. Nosotros, sus descendientes remotos, tomamos fuerzas a traves de los ejemplos de sus vidas y de Tu amor redentor. Sé nuestro socorro y defensa, como fuiste el suyo. Te alabamos, Dios, Guardián de Abraham.

2) Tu poder sustenta el universo. Insuflas vida a la materia inerte. Con Tu misericordia, brindas atención a los seres vivos. Tu amor sin límites permite que la vida triunfe sobre la muerte, que sane a los enfermos, que alimente a los exhaustos, que libere a los cautivos, y que se cumpla con la palabra dada a los muertos. ¿Quién puede ser como Tú, Dios de esplendor y poder incomparables? Gobiernas la vida y la muerte. Tu presencia hace florecer nuestras almas. Te alabamos, Dios que arrancas la vida de las garras de la muerte.

3) Eres Santo y santo es Tu misterio. Los que anhelan la santidad Te buscan en la travesía de la vida. Te alabamos, Dios, Sagrado Misterio Concluyente.

4) Dotas al hombre con inteligencia, y lo educas con sabiduría. Permítenos crecer en el conocimiento, el discernimiento y la comprensión. Te alabamos, Dios, que otorgas la inteligencia.

5) Ayúdanos a encontrar el camino nuevamente a Tu verdad, a acercarnos con fe a Tu tarea y a alcanzar la integridad en Tu presencia. Te alabamos, Dios que nos ayudas a comenzar de nuevo.

6) Perdona nuestros errores con amor de padre, pasa por alto nuestras deficiencias con majestuosa generosidad, porque eres bueno y misericordioso. Te alabamos, Dios que prodigas el perdón.

7) Contempla nuestros sufrimientos, susténtanos en nuestras dificultades y crisis, libéranos pronto. Te alabamos, Dios, esperanza de redención de nuestro pueblo.

8) Cúranos, Dios, y consérvanos con salud. Ayúdanos para que podamos ayudarnos a nosotros mismos alabándote siempre. Proporciona remedio eficaz a nuestros dolores, porque Tú eres el origen de toda sanidad y compasión. Te alabamos, Dios fuente de toda curación.

9) Bendícenos este año con prosperidad. Que la riqueza de la tierra y el ciclo de las estaciones brinden abundantes cosechas, para satisfacer de alimento a toda la creación. Te alabamos, Dios cuyas bendiciones son tan ciertas como las estaciones.

10) Que resuene la libertad como un poderoso cuerno de cabra. Que nuestro espíritu se eleve en alas de Tu promesa. Que el pueblo judío disperso pueda integrarse y renovarse. Te alabamos, Dios que devuelves al judío que se siente perdido a su hogar.

11) Que se recupere el genuino sentido de justicia, del mismo modo que las fuentes clásicas de sabiduría. Que desaparezcan de nuestro medio el dolor y la angustia. Que Tu ternura y piedad, Tu justicia y compasión, rijan siempre nuestra vida. Te alabamos, Dios que eres el origen de la bondad y la justicia.

12) Que disminuya la malicia y perezca la mala

voluntad, que cese el odio y se marchite la soberbia rápidamente en nuestra vida. Te alabamos, Dios, cuyo poder sobrecogedor ayuda a que el bien prevalezca sobre el mal.

13) Que surja Tu misericordia y se manifieste Tu justicia para el bondadoso y recto, para el que te conoce con sabiduria, para el extranjero y para nosotros mismos. Que nuestra característica sea la bondad, y que nunca perdamos confianza en Ti. Te alabamos, Dios, que concedes fuerzas al justo,cimentando nuestra confianza.

14) Que Tu amor resplandezca nuevamente desde Jerusalén. Que Tu presencia more allí como en los tiempos de David. Que Sión reconstruida se alce firme, centro de la esperanza judía para siempre. Te alabamos, Dios que construyes Jerusalén.

15) Que florezca nuestro pueblo, y todos Tus pueblos próximamente. Ayúdanos a mantener erguido el rostro, celebrando Tu liberación y la nuestra. Porque cada día anhelamos Tu liberación. Te alabamos, Dios por cuya voluntad sobrevivimos y florecemos.

16) Cuando clamamos a Ti, escúchanos con misericordia; acepta nuestras oraciones con ternura y amor. Escucha a Tu pueblo cuando nos dirigimos a Ti con amor. No nos dejes con las manos vacías. Te alabamos, Dios que atesoras nuestras oraciones.

17) Que Tu pueblo al orar encuentre deleite en Ti. Que pueda ser insuflado en nuestro ser la misma pasión por la piedad que la que tuvieron nuestros antepasados al adorarte. Que esa adoración sea aceptable ante Ti. Que los ojos de los miembros de Tu pueblo puedan ver Tu gloria permanentemente renovada en Jerusalén. Te alabamos, Dios cuya presencia se irradia para siempre desde Sión.

18) Tu eres hoy nuestro Dios como fuiste Dios de

nuestros antepasados a lo largo de los siglos; cimiento firme de nuestras vidas, somos Tuyos en gratitud y en amor. Nuestra vida está segura en Tus manos, confiando nuestras almas a Tu cuidado. Nuestras alabanzas agradecen permanentemente al anochecer al amanecer y al mediodía Tus milagros y maravillas. Fuente de Bondad, Tu afecto y amor no tienen fin. Eres nuestra eterna esperanza. Que todos los seres vivos se dirijan a Ti con gratitud, deleite y verdad. Ayúdanos, Dios, defiéndenos. Te alabamos, jubilosamente, Dios creador de la bondad.

19) Dios, fuente de toda paz, da serenidad a Tu pueblo judío, con amor y misericordia, vida y bondad para todos. Obsérvanos con el bien, bendícenos con tranquilidad en cada tiempo y cada época. Te alabamos, Dios cuya bendición es la paz.

6

Nuestras creencias
sobre las personas

Los ingleses aficionados al fútbol son famosos por la violencia que desatan ante las victorias y derrotas de sus equipos. Después de un estallido singularmente violento, cuando los partidarios del derrotado equipo local rompieron ventanas, provocaron destrozos, saquearon y asaltaron a transeúntes inocentes, un hombre dio la siguiente justificación para la conducta de sus camaradas: "¿Qué se podía esperar? Son sólo seres humanos".

En cambio, recuerdo un terremoto en San Francisco cuando yo estaba allá. A medida que caía la noche sobre una ciudad desprovista de electricidad para iluminar las calles y encender los semáforos, personas de todas las edades y razas salían de sus casas con linternas a pilas para dirigir el tránsito en las intersecciones y ayudar a los peatones a cruzar.

¿Qué significa ser humano? ¿Ser "sólo humano" significa estar sometido a impulsos y tentaciones irresistibles? ¿O significa ser una criatura singularmente afectuosa, que conoce la ternura? Después de analizar las creencias judías sobre Dios, hagamos un resumen sobre nuestras creencias sobre la humanidad.

Los seres humanos son distintos de todos los demás seres vivos. Esta no es una afirmación biológica sino religiosa. Las diferencias biológicas (el pulgar prensil, la mayor capacidad de lenguaje) son relativamente triviales. La singularidad del ser humano sale a la luz cuando nos acercamos al terreno en el que calla la biología y se escucha la voz de la religión, cuando hablamos de las cualidades humanas de bondad, de moderación, de pensamiento abstracto.

La Biblia expresa esa diferencia en su primer capítulo, cuando dice que Dios creó los animales, peces y aves por decreto ("Y dijo Dios, 'Sea...', y fue...") Pero los primeros seres humanos son creados por un acto de la divina providencia, formados por las manos de Dios, cuyo aliento les insufla vida. No creo que sea una historia verídica desde el punto de vista histórico-biológico, pero sí una expresión fiel de la singularidad del ser humano.

Algunos sectores científicos ponen en tela de juicio esa singularidad al ver en el hombre un animal que responde instintivamente a los estímulos de su ambiente tal como lo hacen las demás criaturas. Cuando ingresé en la universidad, pensaba estudiar psicología, pero en primer año hallé que el departamento de psicología era dirigido por la llamada corriente experimental. Durante el curso de introducción, dedicamos una hora en todo el año a las teorías de Freud, y tres horas semanales a contar cuántas veces una rata blanca oprimía una barra. Cuando le dije al profesor que jamás comprenderíamos ciertos aspectos de la conducta humana mediante el estudio de las ratas, y que esos aspectos eran los que me interesaban, condescendió a explicarme que todo su curso trataba de demostrar lo contrario. Entonces opté por estudiar literatura.

Creo que el representante más radical de la escuela que pone el acento en los instintos fue el fallecido B.F. Skinner. Según él, los seres humanos jamás hacen nada por propia voluntad, aunque crean lo contrario. Se limitan a procesar los estímulos del ambiente y responden de manera ciega e instintiva, a la manera de los animales e incluso las plantas. Uno no aporta a una obra caritativa por compasión o generosidad. Lo hace porque cierta situación, cierto estímulo, genera una molestia que uno trata de aliviar mediante una acción cuyo valor moral es idéntico al de rascarse la piel cuando siente una picazón. Uno no vota por el candidato A porque ha estudiado cuidadosamente su plataforma. Lo hace porque está convencido de que representa la seguridad y su adversario, el peligro. Al introducir el sufragio en la urna, uno obedece al mismo instinto de autodefensa que revela un animal cuando se guarece de la lluvia o se esconde de un depredador. Dijo Skinner: "El poeta escribe un poema como la gallina pone un huevo". (Me pregunto si pensaba lo mismo de sus libros.)

El judaísmo rechaza ese punto de vista, y creo que la experiencia humana le da la razón. Muchos animales se comunican por medio de ruidos, pero sólo el ser humano reza, se disculpa, persuade, escribe poemas y novelas, compone sinfonías. La mayoría de los animales copulan para reproducirse, y algunas especies forman una sola pareja para toda la vida. Pero sólo los seres humanos aman, violan, sienten celos, cometen adulterio o festejan los aniversarios de bodas. Para el biólogo, el soldado o el extraño que arriesga su vida para defender a un tercero tal vez trata de preservar su especie, a la manera de la hormiga que muere al rechazar a los invasores de su colonia. Pero el dolor de la familia del soldado y la gratitud de la persona salvada no tienen equivalentes en el mundo animal.

La singularidad del ser humano está expresada en la frase "creados a imagen de Dios". Poseemos una dimensión moral. Podemos ser buenos o malos; los animales sólo pueden ser dóciles o ariscos. Charles Darwin escandalizó las convenciones sociales del siglo XIX con su teoría de que los seres humanos están relacionados con los animales y no representan una categoría especial. Cuando le preguntaron si el ser humano poseía alguna característica que lo hacía singular, respondió: "El hombre es el único animal que se sonroja". Reconocer que se ha cometido una falta o que el propio desempeño ha defraudado las expectativas hace a la singularidad del ser humano. Ninguna otra criatura puede hacerlo. Los animales (y los niños) son capaces de anticipar un castigo por haber cometido una falta, pero sólo los seres humanos maduros son capaces de juzgarse a sí mismos.

Los seres humanos son responsables de su conducta. En el momento en que escribo estas líneas, el Estado de California discute la conveniencia de ejecutar a un asesino convicto. No cabe duda de que cometió la serie de asesinatos que motivaron su condena. Sus abogados ponen en duda de que fuera responsable de sus actos. Dicen que los abusos que sufrió cuando era niño deformaron su espíritu hasta tal punto que se convirtió en asesino. No quiero entrar en los pros y las contras de la pena capital, y de ninguna manera desconozco el efecto embrutecedor del abuso infantil. Pero me parece que cuando el abogado dice, "No se debe castigar a mi defendido porque no es responsable de sus acciones", en realidad está afirmando, "Mi defendido no es plenamente humano". Una de las características exclusivas del ser humano

156

es asumir la responsabilidad por las acciones propias. Por eso mismo, cuando actuamos como abogados defensores de nosotros mismos para tratar de exculparnos con el argumento de que "es más fuerte que yo, algo me obligó a actuar de esa manera", perdemos una parte de nuestra humanidad.

La ley judía exime a los niños y los enfermos mentales de la mayoría de las obligaciones religiosas por considerar que no son responsables de su conducta. (Cuando el niño hace su Bar Mitzvá, pierde esa exención para ingresar en las filas de los adultos de quienes se espera que observen una conducta moral.) Esto implica que si eres un adulto mentalmente apto, eres responsable de tus acciones. (Estar furioso o neurótico, el haber tenido una infancia menos que perfecta no te eximen de las obligaciones de los mentalmente aptos.) "Sólo soy humano" no es un pretexto válido; "Soy humano" es un desafío, no una justificación.

La doctrina judía de que somos responsables de nuestra conducta significa que somos responsables de lo que hacemos, no de lo que pensamos, soñamos o fantaseamos. Cuando una mujer me dice que se siente culpable o en falta porque soñó con tener amoríos con su jefe, puedo absolverla de culpas al decirle que los sueños no tienen importancia mientras no haga nada para que se vuelvan realidad. Cuando un hombre me dice que está tan furioso con su vecino que tiene la fantasía de romper los ventanales de su casa a pedradas, puedo decirle que tener esos pensamientos no es pecado, que son muy normales, siempre que se guarde las manos en el bolsillo. (También puedo decirle que sería más feliz si olvidara esos pensamientos furiosos en lugar de detenerse en ellos, pero esa es otra historia.)

Extremistas musulmanes sentenciaron a Salman Rushdie a muerte porque un capítulo de su novela *Los versos satánicos* ofende la sensibilidad islámica. Uno o dos años antes, fundamentalistas cristianos realizaron manifestaciones frente a los cines donde se proyectaba *La última tentación de Cristo* porque en una escena retrataba a Jesús bajo una luz excesivamente humana. Son ejemplos fascinantes porque, en ambos casos, las escenas transgresoras sucedían en sueños. Para la mente fundamentalista, los sueños son tan reales como los actos. Los pecados cometidos en la imaginación son tan reales —y pecaminosos— como los actos. En 1976, el candidato presidencial Jimmy Carter confesó que había "cometido adulterio en [su] corazón" al sentirse atraído sexualmente por mujeres que no eran su esposa. Aparentemente se sentía muy culpable, aunque no existen pruebas de que alguna vez hubiera cometido un acto reprobable. El judaísmo le hubiera dicho que es perfectamente normal y humano observar a una mujer atractiva y fantasear con llevarla a la cama. También es totalmente humano resistir esa tentación.

La doctrina judía de que sólo somos responsables por lo que hacemos es que los buenos impulsos, las buenas intenciones y las promesas no cumplidas no constituyen mérito alguno. Así como el pecado que no pasa de la fantasía no es pecado, la buena acción en la que creemos pero no realizamos no es una buena acción. Creer que es bueno alimentar al hambriento y dar abrigo al que no tiene techo, pero no hacer nada al respecto, no otorga a uno el calificativo de buena persona.

Para los árbitros de fútbol es bastante difícil calificar y castigar las infracciones. Pero la tarea se vuelve casi imposible cuando tienen que juzgar las intenciones: ¿la patada al contrario fue casual o intencional? Al afirmar que se nos juzga por nuestras acciones, no por nuestros pensamientos, el judaísmo reconoce que es imposible leer la mente de otro. Por eso la teología judía es tan diferente de la cristiana. Trata muy poco de la naturaleza de Dios, que es propio de las creencias. En general trata de la voluntad de Dios, que tiene que ver con la conducta.

El judaísmo minimiza la distinción entre el cuerpo y el alma. Muchas tradiciones religiosas, tanto orientales como occidentales, conciben al ser humano como un alma pura atrapada en un cuerpo material corrupto. El alma trata de ocuparse de la oración y la contemplación, mientras el cuerpo sufre las distracciones constantes de la alimentación y el sexo. Por eso, el fin de la religión es desarrollar el alma y disminuir el cuerpo, anticipando ese momento glorioso de redención en que aquélla, liberada de su cárcel de carne corruptible, alzará vuelo al mundo del espíritu.

El judaísmo rechaza esa dualidad. En primer lugar, no concibe la muerte como una liberación de la servidumbre terrenal y una promoción a otro mundo. La concibe como una tragedia. La muerte es el fin de la capacidad de la persona para santificar el mundo. La muerte de un justo disminuye la presencia de Dios en la Tierra. En segundo lugar, el judaísmo no considera al mundo material, el del alimento, el sexo, el sueño y otras necesidades del cuerpo, menos digno que el reino del espíritu. Nada en la creación de Dios es vil ni inútil. Todo se puede santificar o envilecer mediante el uso. Cuenta el Talmud que uno de los sabios, al contemplar a unos obreros que aseaban y decoraban una estatua del emperador, reflexionó: "Si esta estatua, imagen de un rey de carne y hueso, es digna de cuidados tan esmerados, cuánto más digno de ello es mi cuerpo, imagen del Rey de Reyes."

Los seres humanos no siempre son buenos, pero son capaces de ejercer la bondad. Un amigo mío, profesor de economía, me contó el siguiente chiste, conocido entre sus colegas. Si le preguntan a un economista, "¿la Bolsa subirá o bajará?", su respuesta será, "sí, pero no en lo inmediato". Asimismo, si le preguntan a un rabino, "¿la gente es buena o mala por naturaleza?", responderá, "sí, lo es". Algunos son buenos, otros malos, la mayoría son ambas cosas. Hacer el bien está al alcance de todos los seres humanos y causa satisfacción, pero no es un impulso natural. Se diría que en virtud de una suerte de ley de gravedad moral que nos aferra, a la corta es más fácil mentir que decir la verdad, dormir hasta tarde que levantarnos a tiempo, ocuparnos de nosotros mismos que de los demás.

Habría que cerrar los ojos a la realidad —a tantos crímenes, violencia, egoísmo, fraude— para decir que la gente es fundamentalmente buena. Pero habría que desconocer tantos ejemplos de valor y bondad humanos para sostener, con algunas religiones, que la mejor de las personas es pecadora.

La doctrina judía clásica sostiene que cada uno lleva en sí dos tendencias conflictivas, llamadas en hebreo *ietzer ha-ra*, el mal impulso, y *ietzer ha-tov*, el buen impulso. Siempre me ha disgustado ese término, "mal impulso" o "impulso a hacer el mal". Considero que suscita el problema teológico de por qué Dios habría de crear algo malo en Su mundo. Prefiero concebir el *ietzer ha-ra* como el impulso egoísta, el de ocuparse exclusivamente de uno mismo, algo así como la categoría freudiana del ello,

160

un instinto ciego, amoral, centrado en su propia satisfacción.

Una vez escuché a un clérigo cristiano que trataba de desentrañar la doctrina del Pecado Original, el concepto de que nuestro destino inexorable es el de ser pecadores porque somos seres humanos imperfectos. Al contemplar a un niño en su cuna o corralito, dijo, uno se pregunta, "¿cómo un ser que parece tan inocente puede ser pecador?" Pero basta colocar a dos niños en la cuna o el corral para que se pongan a pelear. No hay inocencia en ellos".

El argumento no me convenció. Aparte de si niños tan pequeños son moralmente responsables de sus actos y por lo tanto cometen pecado, no me parece que reivindicar la necesidad del espacio propio o el derecho a poseer los juguetes propios sea un acto pecaminoso, como no lo es que yo considere mi hogar un dominio exclusivo, cerrado al público.

Debo reconocer que algunas personas son malas —criminales perversos, asesinos en masa, tiranos como Hitler y Stalin—, y me es difícil explicarlo. Tal vez, así como algunos nacen daltónicos o carentes de otras cualidades físicas, otros nacen sin conciencia. Acaso una personalidad vulnerable sufrió una experiencia infantil desgraciada que la convirtió en un monstruo. Pero las personalidades tan problemáticas como los Hitler y los Charles Manson son excepcionales. Por débiles y poco de fiar que sean, la mayoría de las personas no son malas. Por más que cometan actos malos, no merecen que se las condene por pecadoras. Para el judaísmo, el pecado es un acto, no una condición. Corresponde a la religión enseñar a las personas a controlar su *ietzer ha-ra*, su impulso egoísta, más que tratar de erradicarlo (Gandhi dijo que el que posee más ropa de la que necesita para vestirse o come más

161

de lo que necesita para vivir, roba a su vecino; para el judaísmo, es poco realista) o dejarse dominar por él (como esas personas siempre insatisfechas, que jamás tienen suficiente dinero, joyas o ropa elegante).

Algunas autoridades judías sostienen la tesis interesante de que nacemos con el *ietzer ha-ra*, el impulso egoísta, pero el *ietzer ha-tov*, el buen impulso, nace cuando cumplimos trece años. Podríamos especular que la mejor traducción de *ietzer ha-ra* y *ietzer ha-tov* son "naturaleza" y "naturaleza humana", la parte que uno comparte con los animales y la que es singularmente humana. Desde que somos niños, la naturaleza nos autoriza a reclamar todos los bienes del mundo que podamos. En obediencia a ese instinto natural, nos atosigamos de comida cuando es gratuita aunque en casa nos espera la despensa llena. Nos disgusta que alguien se cuele delante de nosotros en el aeropuerto a pesar de que el avión nos transportará a todos al mismo tiempo, hayamos llegado antes o después. Pero la naturaleza humana nos ofrece la satisfacción de ser generosos en lugar de egoístas, de compartir en lugar de ganar.

Sólo los seres humanos cometen errores y sólo ellos son capaces de comprenderlo. Escribo mis libros por medio de una computadora. Es maravillosamente veloz y precisa, lo cual me gratifica, pero estúpida en grado sumo. Si cometo un error o escribo una frase ilógica, si le doy una orden equivocada, la computadora obedece mi error. En cambio, el cartero no puede procesar la información con la velocidad y la precisión de una computadora, pero me trae la correspondencia aunque el remitente haya cometido errores de ortografía en mi nombre o en mi dirección. La singularidad del ser humano consiste en parte en que puede cometer errores (mucho más graves que los de orto-grafía), reconocerlos, deplorarlos, aprender de ellos y corregirlos.

El pensamiento judío no concibe el pecado como una ofensa contra Dios, un acto de desobediencia. Pecar es dejar pasar la oportunidad de actuar como ser humano. En hebreo, el verbo "pecar" significa tam-bién "errar el blanco". Cuando Dios nos creó como seres libres para elegir entre el bien y el mal, nos dio la capacidad de reconocer cuándo nos equivocamos. Darwin dijo que los seres humanos son las únicas criaturas que se sonrojan. Dios nos dio el poder de arrepentirnos, lo cual significa no sólo lamentar un acto sino también cambiar como resultado de lo que se ha aprendido. En el judaísmo, el arrepentimiento se consuma cuando, al enfrentar una situación similar, se actúa de otra manera.

Algunas teologías consideran que el ser humano está condenado porque no puede ser perfecto, porque inexorablemente se equivocará alguna vez. La teolo-gía judía destaca que si bien el ser humano yerra, puede reconocer su error y evolucionar. "Cuando veo tus cielos, obra de tus dedos, La Luna y las estrellas que tú formaste, digo: ¿Qué es el hombre, para que tengas de él memoria, y el hijo del hombre, para que lo visites? Lo creaste poco menor que divino, y lo coronaste con gloria y honor" (Salmos 8:3-6). En una de nuestras oraciones colectivas decimos: "Reconoce-mos la santidad de Dios en la tierra así como los ángeles en el cielo, con las palabras que el profeta Isaías escuchó decir a los ángeles que alaban a Dios: Santo, santo, santo es el Señor de los Ejércitos". Al decir esas palabras nos ponemos en puntas de pie, como si quisiéramos expresar con el lenguaje corpo-ral, además de las palabras, el concepto de que tratamos de elevarnos sobre la falibilidad humana. Sabemos que somos humanos, imperfectos, atados a la tierra, pero también anhelamos ser mejores.

En verdad, algunos sabios consideran que los seres humanos ocupan un plano moral más elevado que los ángeles. Éstos nunca se equivocan. Los seres humanos se equivocan mucho, pero (a diferencia de los ángeles) son capaces de aprender de sus errores y crecer.

Nuestro siglo ha conocido, tal vez en exceso, lo que los humanos son capaces de hacer y ser. Hemos conocido la medida de su crueldad y su heroísmo. Ha sido el siglo de Adolfo Hitler y de Ana Frank (así como de Miep Gies, la holandesa que arriesgó su vida al ocultar a los Frank). Ha sido el siglo de los asesinatos en masa y los grandes descubrimientos de la medicina, del fraude empresarial y la generosidad sin precedentes. ¿Qué aprendimos sobre lo que significa ser humano? Tal vez los sabios del Talmud tenían razón al decir que nacemos con impulsos conflictivos, de manera que hacer el bien es posible pero nunca fácil, que la satisfacción de ser verdaderamente humano es proporcional a la inercia y la gravedad moral que debemos superar. Acaso la mejor definición sea la del psiquiatra Victor Frankl, sobreviviente de Auschwitz, en la conclusión de sus memorias, *El hombre en busca de sentido*:

"Hemos conocido al hombre tal como es. El hombre es el ser que inventó las cámaras de gas de Auschwitz; pero también es el ser que al entrar en esas cámaras de gas, murmuró Shemá Israel".

7

Cuando rezamos

Los judíos rezan de manera distinta que los cristianos. No sólo difieren las palabras que se dicen y el lenguaje; nuestra concepción de lo que significa rezar también es distinta.

Ciertos problemas actuales de la ‧oración tienen que ver con la falta de certeza sobre nuestras creencias con respecto a Dios. Pero creo que la mayoría deriva del haber crecido en una sociedad mayoritariamente cristiana y haber aprendido a concebir la oración a la manera de los cristianos. Si alguna vez pensamos en la oración, nos viene la imagen de una familia desesperada en el hospital (lugar común cinematográfico: el médico sale del quirófano con cara adusta y le dice al cura que acompaña a la atribulada familia: "Hemos hecho todo lo posible, padre; ahora le toca a usted".) o la de Daniel el Terrible en pijama arrodillado junto a su cama, diciéndole a Dios a quién quiere que se bendiga. Hemos aprendido a concebir la oración como el acto de sobornar, suplicar, educar a Dios.

Un colega mío que ofició en la boda de la hija de un

feligrés prominente relata la siguiente anécdota. Si el clima lo permitía, la boda se debía realizar en el espacioso y elegante jardín de la familia. En caso de mal tiempo, la ceremonia se trasladaría al interior de la casa, una alternativa más que molesta. Una hora antes, el cielo se cubrió de nubes negras. La madre de la novia, preocupada, dio un billete de veinte dólares al esposo: "Para el *pushke* [alcancía para obras de caridad]", dijo. Cuarenta minutos más tarde, aún no llovía, pero el cielo seguía nublado. La madre puso otro billete de veinte dólares en la alcancía. La ceremonia pasó sin que cayera una gota. Esa mujer jamás se convencerá de que no fue su obra de caridad la que dominó la lluvia. Hasta que algún día, cuando contribuya con mil dólares por la recuperación de un ser muy querido, si éste no sana se preguntará por qué Dios le cambió las reglas.

En la época bíblica los judíos rendían culto a Dios con sacrificios de animales. La costumbre no era exclusiva de Israel; era la forma de adoración propia de esa parte del mundo. Expresaba la concepción de que si uno adoraba seriamente, debía costarle algo. Y partía de la base de que el sentimiento religioso fundamental al orar no era la súplica sino la gratitud. No se oraba para pedir lo que se deseaba y no se poseía, sino para agradecer dones inmerecidos. En la época de la cosecha y la esquila, la gente llevaba los primeros frutos del campo y los primogénitos de la majada para agradecer a Dios por Sus dones. Después se atrevían a pedir más de lo mismo.

El Templo de Salomón en Jerusalén era el centro del culto público. Era el único lugar legítimo donde correspondía ofrecer sacrificios animales. Por eso, cuando los babilonios destruyeron el Templo y buena parte de la población se fue al exilio en Babilonia, los judíos fueron despojados de las formas de culto público que conocían y tuvieron que inventar otras. Empezaron a congregarse en pequeños grupos en lo que se llamarían sinagogas (palabra griega que significa "lugar de asamblea" o de "congregación de personas") para ofrendar oraciones verbales a Dios. Años antes de la destrucción del Templo, los profetas habían preparado el terreno para este cambio importante al exhortar a la nación a trascender el formalismo de los sacrificios del Templo para entregar a Dios sus corazones, no sólo su propiedad; también los salmistas habían creado formas de oración personal verbal para expresar gratitud, esperanza, angustia y necesidad en términos tanto individuales como colectivos. El judaísmo que conocemos hoy es producto de la era posbíblica, por eso la oración judía se convirtió en el recitado de palabras en el hogar o la sinagoga.

La singularidad de la oración judía se debe a varios factores. En primer lugar, en la sinagoga conservadora u ortodoxa la mayor parte del oficio se realiza en hebreo. El oficio reformista se realiza un tercio en hebreo y el resto en el idioma del país. Por eso no sólo es difícil de comprender para los extranjeros y los visitantes; la mayoría de los participantes son incapaces de comprender lo que dicen. A muchos nos causará extrañeza el hecho de elevar oraciones incomprensibles, ya que estamos habituados a concebirlas como una forma de transmitir nuestras preocupaciones a Dios. (A un musulmán no le parecería tan extraño; millones de ellos saben apenas el suficiente árabe para leer el Corán como acto de devoción sin entender lo que dice.) Pero si bien concebimos el culto como una forma de comunicación con Dios, eso no significa necesariamente que Le estemos diciendo algo que Él no sabe. Muchas oraciones judías, incluso la mayoría de ellas, consisten en el recitado colectivo de ciertas palabras.

Tal vez el lector esté al tanto de las investigaciones realizadas durante los últimos veinte años sobre las dos mitades del cerebro. El cerebro izquierdo controla el pensamiento verbal, intelectual, mientras el cerebro derecho controla el funcionamiento afectivo y estético. Por eso, cuando una apoplejía afecta el cerebro izquierdo, el paciente será capaz de pensar, sentir y reconocer a otros, pero no de expresar su pensamiento con palabras. Sospecho que la oración judía, aunque utiliza las palabras, es un fenómeno propio del cerebro derecho. Su propósito es más afectivo que racional. La pregunta "¿qué significa una oración?" es tan improcedente como "¿qué significa un ocaso?" o "¿qué significa una flor?".

Después de una conferencia en la que expuse esta teoría de los cerebros, una joven me dijo:

—Rabí Kushner, puedo demostrar que usted tiene razón. Soy fonoaudióloga especializada en pacientes de apoplejía. Uno de ellos, un hombre de setenta y nueve años, sufrió un ataque en el cerebro izquierdo. No puede hablar, no puede pronunciar su propio nombre, pero es capaz de recitar de memoria todo el oficio matutino.

La oración hebrea, el recitado de palabras conocidas pero incomprensibles, ayuda a reforzar la sensación de que se trata de una experiencia afectiva y estética, más que racional e intelectual. Un amigo mío sugiere que las palabras hebreas actúan como una suerte de mantra. Mantienen ocupada nuestra parte racional a fin de que la parte no racional, habitualmente reprimida por la costumbre y la sociedad, pueda liberarse y remontar vuelo. Nos permite hacer algo que no tiene sentido, alzar vuelo en busca de

Dios, sin que nuestro cerebro izquierdo nos reprima y nos haga sentir vergüenza por ello.

Rezar en hebreo sin comprender lo que se dice también tiene la ventaja de evitar a uno la tentación de discutir con el libro de oraciones. Yo siempre digo que "la liturgia une, la teología divide". Cien judíos que salmodian una oración en hebreo están fundidos en una sola congregación. Si en lugar de salmodiar en hebreo leen la traducción al idioma del país (que generalmente aparece en la página de enfrente de los devocionarios hebreos), cada uno se pone a analizar y poner en tela de juicio lo que acaba de decir, y así se pierde la unidad.

Para el judaísmo, la oración no es un examen final de teología que nos toma Dios para poner a prueba nuestros conocimientos. Es la búsqueda de una vivencia afectivo-espiritual especial. No se trata de "hablar con Dios" sino más bien de utilizar las palabras y la música para llegar a la presencia de Dios con la esperanza de que eso cambiará nuestras vidas.

El centro espiritual de los oficios en las festividades principales es la oración Netane Tokef, que a mí me suscita graves problemas teológicos. Dice que Dios escribe en Su libro el destino de cada uno para el año próximo. La considero una imagen teológicamente perturbadora y me cuesta mucho esfuerzo convertirla en un mensaje aceptable. Pero en la mañana de Rosh HaShaná, cuando mil personas la salmodian al unísono, expresan con las palabras y la melodía tradicional sus ansiedades sobre el año que comienza, se produce un momento litúrgico muy fuerte. Por eso las congregaciones protestan cuando el cantor introduce una melodía nueva en una oración conocida. Lo que nos importa no es el significado de las palabras;

anhelamos la vivencia estético-afectiva, propia del cerebro derecho.

Otra característica de la oración judía es que se basa en una liturgia rígida. Orar significa recitar las palabras impresas en el devocionario, decir lo que se "debe" en lugar de expresarse espontáneamente. (En medio de la liturgía establecida hay algunos momentos breves de reflexión sin libreto preestablecido.) Creo que esta práctica obedece a dos razones. En primer lugar, la liturgia rígida suscita pensamientos y afirmaciones que tal vez no se nos ocurrirían si confiáramos en nuestra propia imaginación y la expresa en frases mejores de las que nosotros podríamos elaborar. La primera página del devocionario judío me impulsa a expresar mi agradecimiento por haber despertado con vida al nuevo día, por el hecho de que mi mente funciona, lo mismo que mis ojos, brazos y piernas. Agradezco que tengo ropa para ponerme y cosas que me aguardan. ¿Recordaría el deber de agradecer esos dones todas las mañanas, sobre todo esas mañanas frías y lúgubres cuando mi cuerpo está rígido y dolorido después de una mala noche, si no tuviera un devocionario que me ayudara a armar mis pensamientos? ¿Podría expresar mi gratitud o mi dependencia de Dios con mayor elocuencia que los salmos recitados cada mañana?

La segunda razón es que el propósito de la oración no es esclarecer a Dios ni suplicar o abogar por mis problemas, sino convertirme en parte de una comunidad que rinde culto. (Aquí aparece un concepto conocido: el judaísmo como empresa colectiva más que individual; si se quiere, una religión mayorista en lugar de minorista.) Tratándose de las oraciones colectivas, sugeriría que el hecho de reunirse es tan importante como el de orar. La oración colectiva transmite el mensaje de que no estamos solos con nuestras esperanzas, temores y aspiraciones. Nos invita a trascender el aislamiento individual para fundirnos en el grupo, a vivir la sensación de ser parte de algo mayor que uno mismo. (En un sentido, se parece a la hipótesis de Erich Fromm en *El arte de amar*, de que cuando nos unimos con el otro en verdadero amor, no sólo para gratificar las necesidades propias, hallamos la cura suprema de la soledad.)

En un oficio del culto judío se produce una dialéctica, un impulso en direcciones opuestas, entre el hecho de orar individualmente y el de fundirse en el grupo. Durante algunos tramos del oficio, todos salmodian al unísono. En otros, cada uno se pierde en la meditación individual. Para mí, los dos momentos más conmovedores del oficio colectivo han sido aquellos en los que me sentí emocionado de formar parte de una gran multitud que salmodiaba y otros en los que mi mente examinaba una idea nueva, suscitada por algún verso que había leído centenares de veces pero que bruscamente aparecía en medio de mis reflexiones como si fuera por primera vez. En mi caso, esa experiencia personal es más frecuente en el marco colectivo que en el de la oración a solas.

Otra característica singular de la oración judía es el *minián*, el quórum de diez participantes (en las sinagogas ortodoxas, diez varones) que requieren ciertos oficios. Uno puede rezar en su casa; en verdad, una persona puede rezar a solas la mayor parte del oficio diario y del Shabat. Pero el *minián* se basa en la concepción de que el ser humano es un animal social, cuya conciencia es modificada y acentuada por la presencia de otros. (El partido de fútbol se ve mejor en casa, por televisión, pero uno siente que participa cuando está en la tribuna, rodeado por la multitud de aficionados. Y la película que fue tan desopilante en el cine no es ni la mitad de graciosa cuando uno la ve a solas en su videorreproductora.) Nuestras oraciones están dirigidas a Dios, no a quienes nos rodean, pero la presencia de otros en la congregación nos ayuda a sentirnos parte de un pueblo que ora.

La verdad es que ni siquiera el judío que reza en su casa todas las mañanas lo hace a solas. Sabe que a la misma hora, otros judíos dicen las mismas palabras, y la mayoría de las oraciones de su devocionario están en plural: "Concédenos..., bendícenos..., acepta nuestra gratitud porque Tú nos diste..."

Entre las oraciones que requieren la presencia del *minián*, es decir, que sólo pueden ser colectivas y no meditaciones individuales, la más importante es el llamado Kaddish por los difuntos. Se dice diariamente durante un año después de la muerte de un familiar inmediato y durante treinta días o más después de la de un pariente, para afirmar la permanencia de la fe en Dios y en el mundo de Dios, incluso tras la desaparición de un ser querido. Al final del oficio, se pide a los presentes que se pongan de pie para rezarlo. Tal vez es la mejor demostración posible de mi tesis de que la oración judía es un proceso afectivo, propio del cerebro derecho, más que intelectual, porque lo que reconforta al que está de duelo no es el significado de las palabras del Kadish. En verdad, la misma oración, con pequeñas variaciones, sirve para indicar el fin de una parte del oficio y el comienzo de la siguiente. La eficacia del Kadish por los difuntos se debe a que es la respuesta judía tradicional a la pérdida del ser querido y a que se lo dice en público, en presencia de otros. Como oración pública es eficaz porque la persona de duelo siente el apoyo de la congregación, porque al ver que otros se ponen de pie para rezarlo, se siente menos solo en su infortunio. La palabra Kadish significa "acto de santificación" (otra palabra similar significa martirio religioso). La persona de duelo realiza un acto de santificación al proclamar públicamente que su fe en el mundo de Dios ha sobrevivido a la pérdida. En el judaísmo, la santidad, la santificación, siempre se refiere a la relación entre las personas, jamás al acto de retirarse de un mundo pecaminoso hacia una vida de mayor pureza.

El judío tradicionalista reza todos los días a la mañana y a la noche. La liturgia cotidiana es relativamente breve; la del Shabat y las festividades es bastante más larga. Esto refleja el concepto de que un lunes o miércoles debemos apurar las oraciones, como si estuviéramos estacionados en doble fila, mientras el sábado tenemos todo el tiempo necesario para alabar a Dios. Los no judíos que asisten por primera vez a un oficio de Shabat, tal vez invitados a un Bar Mitzvá, se sorprenden al ver que éste dura hasta tres horas. (Por eso muchas sinagogas tienen asientos cómodos, mullidos, en lugar de reclinatorios de madera.)

El oficio diario consta de una serie de pasos:

1. bendiciones de gratitud;

2. recitado de salmos bíblicos para crear el clima propicio a la oración;

3. la profesión del Shemá Israel: "Escucha, Israel, el Señor nuestro Dios, el Señor es Único."

4. la oración del Amida, que se dice de pie (véase el capítulo 5), también llamada Shmoneh Esreh, los dieciocho versos (que ahora son diecinueve). Tiene la forma de las peticiones que se elevaban a los reyes antiguos: tres versos de alabanza a Dios por Su grandeza y su bondad en el pasado, una docena de versos

que expresan nuestras necesidades (salud, prosperidad, perdón, redención del pueblo judío, la paz mundial) y otros tres que agradecen a Dios por escuchar nuestra petición;

5. varias oraciones para concluir.

En los oficios del Shabat y las festividades se incluye un largo período dedicado al estudio de la Torá. Se repite el Shmoneh Esreh dos veces, pero con variaciones para omitir los pedidos y las preocupaciones cotidianos. En cambio se elevan oraciones de gratitud por el don del Shabat o la fiesta.

Para el judío, ¿qué significa rezar? En muchos idiomas europeos, las palabras que significan rezar, pedir y suplicar son las mismas o están estrechamente relacionadas. (En alemán, *beten* significa "rezar" y "suplicar". La palabra inglesa *precarious*, que significa "incierto" o "inestable", viene de una raíz latina que significa "rezar por".) El concepto cristiano de la oración significa en gran medida presentar nuestras necesidades y pedidos a Dios. Hablamos de rezar por algo. Hay un verbo hebreo que significa "rezar", cuyo sentido original sería algo así como "someter a juicio", pero el término judío más preciso es *lebarej*, "bendecir". ¿Qué significa que bendecimos a Dios? ¿Acaso no es Él quien nos bendice? La etimología de la palabra ilumina el problema. La raíz original del término significa "doblar la rodilla". En hebreo, rezar no es pedir sino arrodillarse frente a Dios. La esencia de la oración es la veneración, no la súplica. Incluso en la oración de los dieciocho versos, en la que aparentemente pedimos cosas (paz, salud, etcétera), en realidad no suplicamos sino que confesamos nuestra dependencia. Hay cosas que anhelamos con desesperación, pero no podemos obtener por nuestros propios medios, por grandes que sean nuestras riquezas, devoción o inteligencia. Dependemos de la gracia de Dios. En el judaísmo, la "respuesta" a una oración no es la obtención de lo que se pide sino la sensación de la presencia de Dios. El enfermo no recibe una "respuesta" a su oración al curarse sino al tener la sensación de la proximidad de Dios, de que Él ni lo ha castigado con la enfermedad ni lo ha abandonado. La "respuesta" a la oración de la mujer soltera no es un marido sino que Dios le conceda la sensación de su propio valor como persona, casada o no.

El Salmo 73 es una obra maestra, uno de los grandes textos espirituales de todos los tiempos, que merece ser más conocido de lo que es. El autor dice que estaba desalentado por la situación del mundo, en el que le parecía que los malos prosperaban y los justos sufrían. "Casi se deslizaron mis pies; por poco resbalaron mis pasos. Porque tuve envidia de los arrogantes, viendo la prosperidad de los impíos... Verdaderamente en vano he limpiado mi corazón, y lavado mis manos en inocencia. Pues he sido azotado todo el día" (Salmo 73:2-3, 13-14). Luego el salmista describe la solución de su dilema: "Fue duro trabajo para mí, hasta que entrando en el santuario de Dios... Me tomaste de la mano derecha, me has guiado según tu consejo" (Salmo 73:16-17, 23-24). Dios "responde" a sus preguntas sobre la injusticia del mundo, no con explicaciones sobre los sufrimientos de los rectos o la prosperidad de los malos, sino con la sensación de hallarse en Su presencia y la conciencia de que ésta vale más que la riqueza y la fama.

En el espíritu del Salmo 73, la oración judía no trata de informar a Dios sobre nuestras creencias y necesidades sino de buscar Su presencia y dejarnos transformar por ella. No pedimos a Dios que cambie el mundo para que todo nos sea más fácil. Sólo Le pedimos que nos asegure Su presencia cuando afrontamos una dura tarea.

Hasta aquí hemos hablado de oración y culto como si fueran términos intercambiables. Pero hay una diferencia. El culto es nuestro esfuerzo por entrar en contacto con Dios. La oración es la forma verbal del culto por medio de palabras dichas y cantadas. Para los judíos existen por lo menos otras dos formas de culto que ocupan un gran lugar en nuestra vida espiritual, y si bien no son exclusivamente judías, reflejan en parte nuestro espíritu.

Los judíos rinden culto a Dios por medio del estudio. Los pasajes más importantes del oficio matutino del Shabat consisten en la lectura en voz alta, no de un breve pasaje bíblico sino de varios capítulos de la Torá, a fin de que al cabo del ciclo anual se hayán leído los Cinco Libros de Moisés. En la primavera austral, en Simjat Torá después de las fiestas principales, leemos "En el principio", la historia de la Creación, y semana tras semana, capítulo tras capítulo, sin omitir palabra (¿quiénes somos nosotros para juzgar la palabra de Dios, para decidir que la historia de José y sus hermanos es instructiva, en tanto las leyes sobre la lepra y el flujo menstrual no lo son?), llegamos al final del Deuteronomio cuando el año se termina y se avecinan nuevamente las festividades. En ese momento estamos preparados para recomenzar la lectura y hallar nuevas enseñanzas en la Torá, no porque ésta haya cambiado sino porque nosotros hemos cambiado.

¿Por qué atribuimos tanta importancia al estudio? Uno de mis profesores en el seminario decía, "Cuando rezo, hablo con Dios. Cuando estudio la Torá, me callo la boca para que Dios me hable." Si el culto trata de entrar en contacto con Dios, el judaísmo afirma que no todo el esfuerzo es nuestro. Dios viene a nuestro encuentro. Al sumergirnos en la Torá, nos transportamos a Sinaí, a la presencia de Dios. Algunos pueblos utilizan el ayuno, las drogas o ciertas formas de autohipnotismo para invocar la presencia de Dios. Nosotros jamás echamos mano de esos recursos. Como la esposa de un viajero supera la soledad releyendo sus cartas, nos volvemos a la Torá y sentimos la presencia de Dios.

La oración más famosa del judaísmo, Shemá Israel ("Escucha, Israel, el Señor nuestro Dios, el Señor es Unico") en realidad no es una oración. Es decir, no está dirigida a Dios sino al pueblo judío. Viene de un pasaje de la Torá (Deuteronomio 6) que dice cosas importantes sobre Dios y Su Torá, nos exhorta a atesorarla día y noche. Al incluir ese pasaje de la Torá en la liturgia de la mañana y la noche, las personas que tal vez no puedan estudiar por falta de tiempo tienen ese contacto cotidiano con el poder vital de la Torá.

Otra razón para atribuir una importancia tan singular al estudio es la concepción judía de que lo exclusivamente humano de la persona son su mente y su conciencia. Nuestro físico es la parte que tenemos en común con los animales. Nuestra mente y conciencia son la dimensión que tenemos en común con Dios. Cuando ejercitamos nuestras mentes y conciencias mediante el estudio de la palabra de Dios sobre la forma en que deben vivir las personas, cuando ocupamos nuestros pensamientos con los problemas de cómo realizar la voluntad de Dios en lugar de los asuntos financieros, la moda o el deporte, sentimos que desarrollamos nuestra dimensión exclusivamente humana.

Por último, el judío rinde culto a Dios y entra en Su presencia mediante la *mitzvá*, el cumplimiento de una obligación religiosa, y al hacerlo bendice a Dios por mostrarle el camino para introducir la santidad en su vida por medio de la *mitzvá*.

Martin Buber dijo que la teología es hablar sobre Dios y la religión es experimentar la vivencia de Dios. Añadió que la diferencia entre ambas es la misma que entre leer la carta y cenar. La teología ilumina, puede mostrar el camino hacia la nutrición, pero en sí no alimenta. Cuando hablamos sobre Dios en abstracto, como el que nos exhorta a la rectitud o el que causa que la tierra produzca frutos nutricios, eso es teología. Cuando hablamos con Dios y le decimos, "Gracias por introducir la santidad en mi vida al darme este mandamiento", eso es religión.

Me avergüenza reconocer que los judíos asisten a los oficios en menor número que los católicos o los protestantes. Las encuestas Gallup que preguntan: "¿Con qué frecuencia asiste a la iglesia o la sinagoga?", revelan que entre el 50 y el 60 por ciento de los cristianos, contra apenas el 20 por ciento de los judíos, lo hacen una vez por semana o por lo menos una vez por mes. ¿A qué se debe? El pesimista que hay en mí dice que nuestros oficios son demasiado largos, los sermones son deficientes, no hemos sabido educar al pueblo sobre el valor de la oración colectiva. El optimista que hay en mí dice que hemos logrado inculcar en los judíos que no es necesario asistir a la sinagoga para rendir culto a Dios. Cuando estudiamos y reflexionamos sobre la manera de ser buenos, cuando santificamos los momentos cotidianos más comunes porque nos sentimos obligados a hacerlo, en ese momento adoramos a Dios.

8

Hitos personales

Las ceremonias y los ritos judíos que acompañan los momentos más importantes de la vida de la persona —nacimiento, matrimonio, madurez, muerte— no provocan cambios. Festejan o acompañan los cambios que se han producido y nos orientan para comprender su significado profundo, la presencia divina oculta en el suceso. Las ceremonias con que se recibe a un recién nacido no convierten al bebé en judío; el hijo de madre judía es judío de nacimiento. La ceremonia nupcial no une a dos personas en matrimonio; antes bien, reconoce y exalta la importancia de que dos personas hayan unido sus vidas. Estos ritos hacen algo más. Al reunirnos con otras personas, nos permiten compartir los sentimientos despertados por el suceso. Hay pocas cosas tan tristes en la vida como tener un motivo para festejar o llorar sin poder hacerlo con alguien.

En verdad, la palabra sinagoga, "lugar de reunión", destaca su función de congregar más que su dimensión de santidad.

La arquitectura y el diseño interior revelan los fines de un edificio, cualquiera que sea. ¿Está destinado a multitudes anónimas o a reuniones pequeñas e íntimas? ¿Hay mucha luz para que se vea todo con claridad, o está poco iluminado para crear una sensación de misterio? ¿Su mobiliario indica estadas prolongadas (las cómodas butacas de un teatro) o breves (las sillas duras de un restorán de comidas rápidas)?

¿Qué podemos averiguar sobre una sinagoga con solo entrar y echar una mirada en derredor? Si está bien diseñada, lo primero que atraerá nuestra vista será el Arca, la cámara cubierta con un velo donde se guardan los rollos de la Torá. La presencia de éstos es lo que confiere al salón su carácter de sinagoga, un lugar santo. Los rollos contienen el texto de la Torá, los primeros cinco libros de la Biblia, copiados a mano sobre pergamino, corregidos y verificados minuciosamente para asegurar de que están libres de error. (En una iglesia católica, lo primero que llama la atención es el altar; en una iglesia protestante, el púlpito desde el cual se predica la palabra. Utilizamos la arquitectura para destacar la importancia de algo, el lugar donde está situado el centro de gravedad espiritual.) Habitualmente el Arca está situada en la pared oriental del santuario frente a los asientos, a fin de que los asistentes al culto recen de cara a Jerusalén, sede del primer Templo de Salomón.

Sucede que en mi opinión, la mayoría de las sinagogas están mal construidas. Te invitan a acomodarte, habitualmente en una silla mullida, para contemplar la actuación de los profesionales sobre una plataforma elevada. Semejante diseño alienta la pasividad, la sensación de ser un espectador sentado que contempla y juzga una función. Yo prefiero una arquitectura que aliente la participación, no la pasividad. Lo cierto es que las sinagogas de siglos anteriores estaban construidas en redondo, o bien los asientos estaban dispuestos en herradura con el púlpito en el centro: el judío que oraba, al alzar la vista veía a otros judíos que oraban, no a un clérigo que dirigía el oficio.

Durante la mayor parte de la historia judía, los oficios no eran conducidos por clérigos sino por legos informados. (Así sucede en los oficios cotidianos y en las sinagogas ortodoxas.) En la época bíblica, el sacerdote que oficiaba en los sacrificios del Templo adquiría esa función por herencia; era hijo de un Kohen, descendiente de Aarón, hermano de Moisés. Después de la destrucción del Templo, los judíos se reunían en sus hogares a rezar y leer la Torá. Los miembros más admirados de la comunidad eran los estudiosos, los más capacitados para interpretar las leyes de la Torá. No cumplían funciones en los oficios, pero se les pedía que zanjaran litigios jurídicos o resolvieran dudas sobre asuntos religiosos complejos. Los estudiosos de la Torá recibían el honroso título de rabino, que significaba "maestro".

En épocas más recientes la función del rabino se convirtió en una profesión con dedicación exclusiva porque había más material para estudiar y más dudas para resolver a medida que perdíamos conocimientos sobre nuestra tradición. En las sinagogas norteamericanas, el rabino tendía a adquirir el carácter y las funciones del clérigo cristiano, a convertirse en un pastor que oficiaba en el culto, visitaba a los enfermos y aconsejaba a los afligidos, más que en un estudioso y depositario del saber.

La función del cantor es más antigua en la tradición judía, pero últimamente se la ha profesionalizado también. Antes el único requisito para dirigir las oraciones durante el culto era ser judío y conocerlas. (En las congregaciones ortodoxas, este oficiante debe ser hombre, ya que la ley dispensa a las mujeres de la obligación de rezar en momentos determinados, supuestamente porque deben ocuparse de sus familias. El oficiante cumple sus obligaciones religiosas mientras conduce a los demás. Según los liberales, no tiene sentido dispensar a todas las mujeres de la oración sólo porque algunas tienen obligaciones familiares.) En tiempos antiguos, antes de la liturgia rígida y los devocionarios impresos, el oficiante más apreciado era el que conocía de memoria el orden de las oraciones y podía improvisar con elocuencia (a la manera de un solista de jazz que adorna el tema original pero siempre vuelve a éste). A partir de que se pudo reproducir las oraciones en letras de molde, se empezó a elegir al oficiante por su buena voz. En la década de 1940, cuando empecé a asistir a los oficios de una gran sinagoga de Brooklyn, el cantor era Richard Tucker, quien más adelante ganaría fama internacional como cantante de ópera. Hoy el requisito principal para ser un cantor profesional no es una voz extraordinaria de cantante de ópera sino una voz y estilo masculinos o femeninos (algunos de los mejores oficiantes jóvenes son mujeres) capaces de alentar la participación de personas no habituadas a rezar.

Otra característica arquitectónica de la sinagoga digna de mención es la luz (una vela o lámpara eléctrica) frente al Arca. Es la Luz Eterna colocada para cumplir el mandamiento de Éxodo 27:20-21, de mantener una luz encendida en la Carpa de Reunión en todo momento, símbolo de la presencia invisible pero eterna de Dios en un salón donde se conservan los rollos de la Torá y el pueblo se congrega para rezar.

En la sinagoga tradicional (ortodoxa o conservadora), los hombres cubren su cabeza con un gorro de tela (llamado *iarmulke* en idish o *kipá* en hebreo moderno). Los orígenes de esta costumbre son confusos. Mi interpretación es que en el Próximo Oriente antiguo, estar "bien vestido" para una ocasión especial significaba llevar la cabeza cubierta. La cabeza descubierta era una señal de informalidad impropia de la ocasión, como presentarse hoy en una cena formal o una entrevista laboral sin saco y corbata. Entrar en presencia de Dios era un asunto tan serio, que el hombre judío lo hacía con la cabeza cubierta. En verdad, muchos judíos tradicionalistas usan la kipá en todo momento para recordar que Dios está presente en todo lugar y ocasión.

Los hombres que asisten a oficios en las sinagogas ortodoxas y conservadoras también llevan el *talit*, un chal de oraciones con flecos que se usa durante los oficios matutinos, pero no los vespertinos. Así se cumple el pasaje bíblico (Números 15:37-41) que nos ordena llevar flecos en los bordes de la vestimenta para recordar los grandes y pequeños mandamientos de servir a Dios, un poco a la manera del que cambia de muñeca el reloj para recordar una obligación. En algunas sinagogas conservadoras las mujeres pueden llevar el *talit* para expresar que ellas también se sienten obligadas a servir a Dios en las grandes y las pequeñas cosas.

Entre las ceremonias de transición en la vida de una persona, la más importante de las que se realizan en la sinagoga es la del Bar Mitzvá. En la vida judía, los niños de ambos sexos están sometidos a la autoridad de los padres hasta que cumplen trece años.Se supone que el niño obedecerá a sus padres o éstos regirán su vida. En cambio, los niños mayores y los adolescentes son responsables de su propia conducta. (Nuevamente aparece el concepto de responsabilidad en nuestra exposición.) La ceremonia del Bar o Bat

Mitzvá festeja la maduración del joven, su "promoción" de la infancia a la edad adulta.

Después de oficiar como rabino de una congregación durante treinta años y realizar la ceremonia para mis dos hijos (con la promesa íntima de que no me dejaría obsesionar por ella como los demás padres, promesa que no pude cumplir), sigo sin comprender por qué el Bar Mitzvá afecta a las familias judías de manera tan profunda. ¿Por qué los padres que no prestan atención a otros aspectos de la cultura y la vida religiosa judía llevan a sus hijos a clases especiales tres veces a la semana durante cinco años? ¿Por qué se endeudan las familias a fin de que un desconcertado niño de trece años celebre su cumpleaños con semejante pompa? ¿Por qué si anunciamos que "El rabino Kushner disertará sobre la existencia de Dios" aparece una decena de curiosos, en tanto que una conferencia para analizar los cambios propuestos en los requisitos para el Bar Mitzvá atrae a una multitud? Creo que esto se debe en parte a que el Bar Mitzvá es como cualquier otra ceremonia de "graduación". Brinda a los padres la anhelada confirmación de que han sabido guiar a sus hijos hasta una importante coyuntura en sus vidas con acierto y responsabilidad. Pero evidentemente es mucho más que eso. Cuando el hijo o la hija afirma su identidad judía frente a la Torá, los padres tienen una sensación de inmortalidad espiritual. Les asegura que una parte importante de ellos sobrevivirá durante la siguiente generación.

¿Qué edad tienen los padres de un niño de trece años? Probablemente algo más de treinta y cinco cuando los cumple el primogénito y algo más de cuarenta cuando los cumple el menor. A esa edad, los problemas de la mortalidad y de la inmortalidad indirecta empiezan a adquirir mayor importancia. Que un

hijo o hija en el umbral de la independencia diga públicamente, "Soy el depositario de la identidad familiar. Cualesquiera que sean mis conflictos adolescentes, siempre seré vuestro hijo, el nieto de vuetros
padres, el siguiente eslabón en la cadena de las generaciones", responde a una necesidad profunda de los
padres, aunque no sean conscientes de ello.

Si después de leer lo anterior llegas a la conclusión
de que la ceremonia del Bar o Bat Mitzvá es más
importante para los padres que para el niño de trece
años, psicológicamente tienes razón, aunque no desde
el punto de vista del significado literal de la ley judía.
Cuando preguntábamos a los niños de trece años que
se postulaban al Bar Mitzvá, "¿Por qué haces esto?
¿Qué significa para ti?", casi ninguno hablaba de su
identidad judía. Todos decían: "Para complacer a mis
padres", o "Lo hago porque es importante para mis
padres". Claro que cumplir con un rito judío que es
importante para los padres significa respetar un principio importante del judaísmo. Pero para el niño que
llega al umbral de la adolescencia y el desafío de convertirse en persona independiente, es igualmente
importante saber que sus padres están orgullosos de
él. Saber que su padre aprueba su ingreso en la edad
viril y la independencia, que su madre no siente celos
de su floreciente feminidad, son dones realmente
importantes para el varón y la niña.

Siempre recordaba a mis feligreses que el Bar
Mitzvá no es una fiesta ni una ceremonia. Menos aún
es una frase del tipo, "No sé si recuerda, rabí, que
usted ofició el Bar Mitzvá de mi hijo hace diez años".
Bar Mitzvá es un varón judío de trece años. A esta
altura habrás reconocido el término *mitzvá*, el acto
sagrado. *Bar* significa hijo en hebreo y arameo, Bat
significa hija en hebreo. Tal vez te dijeron que Bar

Mitzvá significa "hijo del mandamiento" y te sentiste desconcertado porque habitualmente los mandamientos no tienen hijos. Sería más lógico traducir la frase como "miembro del sistema mitzvá", es decir, una persona que ha adquirido edad suficiente para cumplir la *mitzvá* y de quien se espera que así lo haga. Los requisitos para llegar al Bar Mitzvá son apenas dos: ser judío y cumplir trece años. No se requiere ceremonia ni bendición rabínica alguna. Como en todos los sucesos del ciclo vital judío, la ceremonia celebra el cambio, no lo realiza.

Pero aunque en teoría el adolescente judío podría ser Bat Mitzvá con solo despertar el día de su decimotercer cumpleaños, la transición de la infancia a la edad adulta se considera tan importante que se realizan estudios y planes durante meses. Se le pide al jovencito que demuestre que ha adquirido las destrezas necesarias para vivir como judío: conocimiento de las leyes, saber leer pasajes de la Torá y dirigir el oficio. (El difunto Joseph Campbell decía que si la sociedad no crea pruebas muy duras para que los adolescentes demuestren que son dignos de que se los tome en serio como adultos, ellos mismos las crearán, inventarán toda clase de ritos peligrosos de virilidad.) La ceremonia del Bar o Bat Mitzvá contiene elementos de una prueba muy dura para los adolescentes. Sospecho que la perturbadora historia relatada en Génesis 22 sobre la orden a Abraham de que sacrifique a su hijo Isaac en el altar recuerda alguna prueba muy dura que el adolescente debió superar para ser reconocido como adulto verdadero.

La idea que fundamenta el Bar Mitzvá es muy antigua: hay una línea divisoria legal entre un niño a quien se le exige poco más que la obediencia y un adulto responsable. Ya en el siglo II o III se consideraba que los trece años era la edad en que se adquiría la mayoría de edad legal. Pero la ceremonia para celebrar ese hito como una prueba de ingreso en la edad adulta apareció en el Medioevo tardío. Antes de esa época, los jóvenes judíos empezaban a asumir sus responsabilidades al cumplir los trece, pero no señalaban la fecha con oficios ni fiestas. Algunos judíos ancianos que aún viven recordarán que al cumplir los trece los invitaron a leer pasajes de la Torá y luego sirvieron tortas y whisky a los feligreses. Es lógico que se sientan desconcertados por los pomposos festejos que se brindan a sus nietos.

La ceremonia de recepción del Bar Mitzvá que asume su nueva situación se realiza en el contexto del oficio matutino del Shabat. En una congregación grande, donde el número de jóvenes que cumplen los trece en un año dado supera el número de sábados, dos o más familias pueden celebrarla durante el mismo Shabat. En algunas sinagogas, el jovencito puede conducir el oficio. En otras tendrá una participación breve. Pero habitualmente, el momento crucial es la lectura de la Torá. Los padres del Bar Mitzvá y tal vez otros parientes tendrán el honor de ser convocados a decir las bendiciones durante la lectura, y el propio Bar Mitzvá leerá el pasaje más largo y difícil a fin de demostrar más allá de toda duda su aptitud para ser recibido como adulto judío.

Después del oficio se suele realizar una fiesta, que va desde un almuerzo sencillo en el que un abuelo dice unas palabras conmovedoras hasta una cena de etiqueta que da una nueva dimensión a la palabra exceso. (Afortunadamente, desde hace unos años se difunde la costumbre de que la familia contribuya con el 3 por ciento del costo de una boda o Bar Mitzvá a una obra de caridad para con los hambrientos para recordar que la Torá nos ordena invitar a los pobres y desposeídos a nuestros festejos, y donar las flores a un hospital u hogar para convalecientes. Muchas sinagogas acostumbran pedir al Bar Mitzvá que elija una obra de caridad a la que donará una parte de sus regalos en metálico como señal de que acepta este aspecto de su responsabilidad adulta.)

La ceremonia de bodas se llama en hebreo *kidushín*, la acción de santificar. El casamiento de un hombre y una mujer es más que una transacción legal o la legitimación de la intimidad sexual. La pareja reconoce la intervención de Dios en sus vidas. Los animales copulan y se reproducen como hecho biológico. Cuando el ser humano se enamora y se casa, cuando se atreve a poner su felicidad en manos del otro y quedar con ello en una situación vulnerable, cuando experimenta la felicidad del compromiso y la intimidad, creemos que es obra de Dios.

En la boda judía, los novios están de pie bajo un toldo de tela o de flores, símbolo de que la comunidad los reconoce como familia. La tradición indica que los jóvenes no pueden estar solos bajo el mismo techo salvo que estén casados.

Los novios beben un sorbo de vino al comienzo de la ceremonia, antes que se pronuncie la fórmula de compromiso, y nuevamente al final. En el lenguaje simbólico judío, el vino representa el carácter a la vez jubiloso y sagrado del momento. En presencia de testigos, el novio coloca un anillo a la novia y dice: "Por este anillo eres mía según la ley de Moisés y el pueblo judío". (En las ceremonias no ortodoxas, la novia también coloca un anillo al novio.) Se lee una parte del *ketubá*, el contrato marimonial, en la que se prometen apoyo mutuo con amor y fidelidad. Se cantan siete bendiciones de alabanza a Dios por hacernos capaces de amar y ser fieles al otro y por el don de poder perpetuar la especie de manera tan gratificante, y se invoca Su bendición para la nueva pareja y el hogar que han formado. Finalmente, en el momento más singular y dramático de la boda judía, el novio rompe un vaso al pisarlo.

Hay muchas explicaciones de esta costumbre, desde la idea de que los ruidos fuertes espantan a los demonios (de ahí los cohetes de Año Nuevo) hasta el deseo de que el matrimonio dure hasta que los fragmentos del vaso vuelvan a unirse. En el Cercano Oriente antiguo, al sellar el contrato, se escribía en una tabla de arcilla una serie de maldiciones que caerían sobre el que lo violara. Luego se rompía la tabla. Interpretaciones fantasiosas aparte, el Talmud relata el origen de la costumbre. Dice que en una boda los invitados estaban tan alegres que empezaban a cometer excesos. El anfitrión rompió un plato muy valioso para que los invitados recuperaran el dominio de sí y reflexionaran sobre la fragilidad de la vida y la felicidad. Así, el hecho de romper el vaso simboliza el tradicional recordatorio judío de que aun en el momento más feliz de nuestra vida no debemos olvidar a los muchos que no tienen tantos motivos para el júbilo. El judaísmo relaciona esta conciencia con la destrucción del Templo, símbolo perenne de que el mal que hay en el mundo trata de extinguir la llama de la santidad. Seguimos formando parte de una raza humana acosada por muchas penas y dolores. Apreciamos más la felicidad del momento al comprender su fragilidad.

¿Qué cosas no suceden en una boda judía que tal vez hayas visto en otras ceremonias nupciales? Un elemento que falta es la pregunta, "¿Quién entrega a esta mujer?" A las novias judías les encanta saber que la ceremonia no las transfiere de la custodia de un varón adulto a la de otro. La novia es un adulto responsable que asume un compromiso en su propia vida. En teoría, el rabino no casa a los novios. Es el testigo por el Estado y la comunidad judía del casamiento de los novios.

Es raro escuchar la marcha nupcial de Lohengrin en una boda judía. Su compositor, Richard Wagner, era un antisemita rabioso, por eso no es apropiado escuchar su música en una ceremonia religiosa judía.

A veces se me pide que oficie en una boda en la cual uno de los novios no es judío. Debo explicar a los novios que no puedo hacerlo. No es que no les desee felicidad. Sí que se la deseo, pero para mí las palabras que se dicen en la ceremonia son muy serias. Estas y los ritos no son para los no judíos (asimismo, un sacerdote católico no puede dar la comunión a un judío o un musulmán, por más que admire su devoción). Los exhorto a buscar un funcionario laico que oficie una ceremonia de carácter espiritual que reconozca la presencia de Dios, pero en la que nadie deba decir palabras o realizar actos en los que no cree.

Las bodas judías son similares a las ceremonias no judías, y nuestros vecinos no judíos festejan la mayoría de edad religiosa de sus hijos con ceremonias análogas al Bar Mitzvá como la confirmación y la primera comunión. Pero no conozco otra tradición religiosa semejante al *brit*, la circuncisión ritual del varón recién nacido.

La circuncisión es la ablación quirúrgica del prepucio del órgano sexual masculino. En un mundo donde la mayoría de los ritos religiosos comprenden sólo palabras y gestos, donde rara vez se mencionan los órganos sexuales, ni qué hablar de dedicarles toda una ceremonia, la circuncisión es ciertamente singular. Es una ceremonia antigua que nos conmueve, a la vez que nos molesta y nos causa ansiedad. Habitualmente se realiza en el hogar el octavo día después del nacimiento del niño tal como lo ordena Génesis 17:12, salvo que se deba postergar por razones médicas. Aunque la circuncisión del niño es responsabilidad del padre, casi siempre la realiza un especialista capacitado, llamado *mohel*. Puede ser médico o no, pero debe ser una persona piadosa y culta que conoce tanto los aspectos rituales y religiosos del *brit* como los quirúrgicos. Algunas personas se sienten molestas, cierran los ojos e incluso salen del cuarto durante la breve ceremonia para volver luego a participar de la comida (¿existe alguna ceremonia judía sin festejo?) que la sigue. En teoría, el *brit* no es necesario para que el niño sea judío (a diferencia, por ejemplo, del bautismo). La excepción es el caso en que la madre no es judía y por lo tanto se requiere la conversión del niño. Pero a lo largo de los siglos los judíos han sufrido humillaciones y peligros con tal de cumplir el mandamiento.

¿Qué significa este rito, tan singular en nuestra sociedad judeo-cristiana? Como otros ritos judíos, no cambia nada, sino que celebra un cambio: en este caso, la continuidad de la identidad judía, transmitida del padre al hijo. Durante el *brit*, el niño recibe su nombre religioso. Habitualmente es el nombre de un pariente fallecido para dar a éste un grado de inmortalidad, "perpetuar el nombre", destacar que el niño es el eslabón más reciente de una larga cadena. Se supone que la ablación del prepucio del órgano reproductor simboliza la transmisión de la identidad judía en el momento del nacimiento del padre al hijo, de generación en generación.

En el Cercano Oriente antiguo, muchas sociedades circuncidaban a los varones. En la historia de Saúl y David relatada en el primer libro de Samuel, se toma nota de que los filisteos, un pueblo griego más que semita, son "incircuncisos" porque no practican esa costumbre. Pero en esa época se circuncidaba a los varones cuando llegaban a la adolescencia, en preparación para el inicio de la actividad sexual y como dura prueba de ingreso en la comunidad adulta. (¡Creías que estudiar para el Bar Mitzvá era una dura prueba!) El judaísmo antiguo despojó al rito de su dimensión sexual al realizarlo en la infancia.

El nombre completo del rito es *brit-milá*; la segunda palabra significa "circuncisión" y la primera, "pacto" (como dijimos en un capítulo anterior). La ceremonia de la circuncisión identifica al niño judío como miembro del Pacto con Dios en virtud de su nacimiento en una familia judía.

Evidentemente, al cabo de su primera semana de vida el niño no está en condiciones de comprender lo que sucede. Pero a medida que crece y aprende, y cuando dispone que se realice la misma ceremonia para su hijo, comprende el significado dual del *brit*: el judío nace al Pacto con Dios lo quiera o no, y éste entraña dolor y sacrificio, además de honor y santidad. Se convertirá en un judío bueno o malo (cualquiera que sea la definición del término), pero no puede desconocer su identidad. Es parte indeleble de su vida, como sus padres, sus rasgos físicos, el siglo y el país de su nacimiento. Como en los libros de Jonás y Ezequiel, Dios nos persigue aunque no queramos tener nada que ver con Él. Uno puede violar el Pacto, pero no escapar de él. Es parte de ti, queda impresa en tu carne cuando naces.

Las primeras palabras de la ceremonia del *brit*

invocan la presencia del profeta Elías. Esto se explica tradicionalmente por dos razones. Una, que también se expresa en el Séder de Pésaj, ve en Elías al precursor del Mesías, que vendrá a anunciar la inminencia de la Era Mesiánica. Cada vez que nace un niño judío, sus padres y la comunidad se preguntan: "¿Será él? Cuando este niño crezca, ¿hará de este mundo un lugar distinto, mejor, más digno de Dios?" Al recibir a un niño en el Pacto, anticipamos el arribo de Elías.

La segunda razón se basa en un versículo del Libro de los Reyes (I Reyes 19:14) donde Elías lamenta la falta de fe de los israelitas, de quienes dice: "Han dejado Tu pacto." Ofendido porque Elías engloba a todo un pueblo y para darle una lección, Dios le ordena que asista a cada ceremonia en la que una familia judía recibe a un niño en el Pacto. Es como si le dijera: "No puedes hablar así sobre Mi pueblo. Míralos. En muchos aspectos no son obedientes, pero no han abandonado Mi pacto".

Viejo chiste judío: ¿Cuál es la palabra técnica para designar a un niño judío no circuncidado? Respuesta: niña. El lector perspicaz habrá caído en la cuenta de que esta ceremonia rige para el 50 por ciento de los niños judíos. ¿Cómo se celebra la identidad de una niña recién nacida?

Uno de los sucesos emocionantes del siglo xx es el reconocimiento lento pero creciente de que las mujeres son participantes válidas de la exaltación pública del judaísmo. La ceremonia del Bat Mitzvá evolucionó hasta convertirse en el equivalente del Bar Mitzvá de los varones. (En el momento de escribirse estas líneas, aún vivía la primera persona que celebró su Bat Mitzvá.) Se inventaron formas para recibir a una niña. La más común es la de darle un nombre durante la lectura de la Torá en el Shabat. Los padres se acercan a la Torá, ofrecen una acción de gracias y dan a su hija un nombre religioso. También se puede realizar en el hogar una ceremonia paralela al *brit* en cuanto a la identidad, el nombre y el agradecimiento a Dios por la nueva vida.

A fin de ser exhaustivos, permítaseme mencionar una ceremonia que hace treinta años era sumamente infrecuente y ahora se realiza en miles de ocasiones todos los años: la conversión de un gentil al judaísmo. Hubo una época en que los judíos eran misioneros activos. En un mundo en que éramos los únicos monoteístas, creyentes en Un Dios, considerábamos nuestro deber ganar a los paganos para rendir culto a Dios en lugar de los ídolos. Durante buena parte de los últimos quince siglos, una combinación de circunstancias —que las leyes cristianas y musulmanas lo prohibieron y que la mayoría de los gentiles no eran paganos sino monoteístas adeptos de la Biblia— limitó el alcance de la actividad de conversión. Pero en medio de la libertad del mundo moderno, donde la gente puede elegir su lugar de residencia, su trabajo y su confesión —si es que quiere practicar alguna—, bruscamente se abrieron puertas en los muros que separaban las religiones. Algunos no judíos se convirtieron convencidos por el estudio de la Biblia o por sus esfuerzos para mejorar el mundo de que el judaísmo les ofrecía el hogar espiritual que buscaban. (Los místicos hablan de "almas judías nacidas por error en cuerpos gentiles".) La mayoría de los no judíos que se convierten lo hacen para casarse con un hombre o mujer judíos y por el deseo de formar un hogar unido en lugar de dividido en lo religioso.

¿Cómo se hace para convertirse al judaísmo? El postulante estudia durante casi un año. Comprende que no sólo acepta una teología sino que ingresa en una comunidad (como la bíblica Rut, que primero dijo "tu pueblo será mi pueblo" y sólo después, "tu Dios mi Dios"). Se presenta ante una corte religiosa constituida por tres rabinos que le señalan los rigores religiosos y sociales de ser judío para tratar de desalentarlo. Por último, el postulante varón es circuncidado si no lo fue en la infancia, y, sea hombre o mujer, realiza el *mikve*, un baño ritual. Los judíos de la época bíblica se bañaban para lavarse de impurezas rituales. La inmersión del converso no tiene por objeto lavarse la "impureza" de ser gentil. No es como decir, "eras sucio y a partir de ahora serás limpio". Es una ceremonia de renacimiento. Así como naciste del agua al aire, ahora vuelves al agua para renacer a una nueva identidad. El converso recibe un nombre hebreo (elegido por él) para las ocasiones religiosas.

Dejamos para lo último la forma que los adeptos al judaísmo responden a la muerte de un ser querido. Desgraciadamente, todos sabemos lo que significa enterrar a un ser querido y secar las lágrimas de los que han sufrido la pérdida, y de paso hemos aprendido mucho sobre el alma humana. Tal vez el judaísmo se muestra más eficaz cuando se trata de reconfortar al que ha sufrido una muerte en la familia. He visto obrar su magia con cientos de personas que creían que la religión no podía hacer nada por ellas.

Cuando muere una persona, la primera regla del luto judío es realizar el funeral lo antes posible, incluso al día siguiente. No se reciben visitas, no se realiza un velatorio y casi nunca se exhibe el cuerpo. Según nuestra concepción, la persona que ha sufrido la pérdida está insensible, en estado de animación suspendida, y sólo puede comenzar el luto y la curación durante y después del oficio fúnebre. (Por una peculiaridad de la ley judía, la persona que acude a la sinagoga entre la muerte del familiar y el entierro no cuenta para el *minian*, el quórum requerido para la oración pública, porque está presente física pero no afectivamente. Digamos de paso que lo mismo rige para el novio la mañana siguiente de la boda.)

El día del funeral (que no se puede realizar en el Shabat o una festividad), la persona de luto desgarra una parte de su ropa, antiguo símbolo del dolor. El oficio se puede realizar en la sinagoga (sobre todo si el difunto se destacaba por su devoción) o en una capilla especial que tienen las casas de servicios fúnebres. En raras ocasiones (yo lo desaliento salvo que el difunto fuera una persona muy anciana, casi sin amigos y parientes vivos), se puede realizar junto a la tumba. El oficio incluye la lectura de salmos, un panegírico que recuerda al difunto y reconforta a sus parientes y una oración especial.

Uno de los ritos singularmente judíos ante la muerte es el Kadish de los Enlutados, una antigua oración que agradece a Dios por el mundo que nos ha dado. Las palabras del Kadish parecen decir: "A pesar del momento y el lugar, estoy agradecido por el mundo y por las cosas buenas con que se ha bendecido mi vida". Pero sospecho que el judío de luto se siente más reconfortado por la música que por las palabras del Kadish. Esta oración no es un pronunciamiento teológico sino una forma judía tradicional de responder a la muerte dentro de la religión. El significado de la oración trasciende las palabras. "En un momento como éste —dice—, al contemplar mi mortalidad y la de todos mis conocidos, sé que soy judío y me vuelvo a la tradición judía para introducir el amor curativo de Dios en mi vida." A lo largo de los años he perdido tres familiares, mis padres y un hijo de catorce años. En cada ocasión descubrí (y redescubrí) la eficacia del sistema. Al concurrir cada mañana a la sinagoga para decir el Kadish de los Enlutados, me sentí reconfortado en una forma que trasciende la comprensión racional. Me reconfortó saber que hacía lo mismo que hacen los judíos desde hace siglos. También me reconfortó la presencia de otras personas que oraban; muchas estaban de luto como yo, trataban de asumir la profunda herida de la muerte y la pérdida del ser querido. Otras eran amigos y vecinos que sacrificaban una hora de sueño todas las mañanas para asegurarse de que hubiera el *minian* que requiere la oración por los difuntos.

Después del entierro, la familia observa la *shivá*, la semana de luto (*shivá* significa "siete", como en "siete días"), que sólo es interrumpida por el Shabat. Dejan de lado las ocupaciones mundanas y se quedan en la casa para meditar sobre su pérdida y comenzar la curación. Las amistades los visitan y conversan sobre el difunto. Según una bella costumbre simbólica, los que observan la *shivá* no preparan sus comidas: otros lo hacen en reconocimiento de que están vacíos y la comunidad debe saciar sus necesidades.

La muerte nos angustia a todos, por eso muchos no saben cómo realizar una visita de condolencias. Piensan que es mejor para el que ha sufrido la pérdida hablar de otros temas como el clima, la Bolsa o recetas de cocina que sobre el difunto. Pero el pariente necesita hablar sobre su pérdida. Cada vez que yo la sufrí, las visitas que más apreciaba durante la semana de *shivá* eran las que me contaban sobre sus encuentros con el difunto, relataban anécdotas o lo describían en una forma novedosa para mí.

A las personas que deben elegir entre asistir al

funeral y hacer una visita de condolencias, generalmente les aconsejo que hagan esto último. No importa lo que uno diga, como si el derecho de entrada fuera un comentario profundo, capaz de aliviar el dolor. Basta decir, "lo lamento", y si no se conocía al difunto: "Hábleme de su madre".

Un consejo más: la familia que guarda luto suele verse atiborrada de flores, canastos de fruta y pollos asados, todas ofrendas muy bien intencionadas. Un amigo íntimo hará bien en ofrecer sus servicios para llevar a los niños a sus clases de música o de religión (lo cual suele ser más apreciado que el envío de flores). O bien, una contribución a la obra de caridad preferida de la familia es una forma adecuada de decir que uno lo siente y quiere perpetuar la memoria del difunto por medio de una buena acción.

El tema más destacado y consecuente de este libro tal vez ha sido cómo el judaísmo está centrado en la santificación de lo cotidiano, en destacar el carácter especial de los sucesos más corrientes. Para la estadística, el nacimiento y la muerte son sucesos cotidianos. Todos los días nacen y mueren millones de personas. Una boda no altera las estadísticas. Pero cuando muere nuestro padre, nace nuestro hijo o se casa nuestra hija, sabemos que ha sucedido algo especial, fuera de lo común. Pedimos a nuestra tradición religiosa que nos enseñe a trascender las estadísticas, a sacar el momento del reino de lo cotidiano. Le pedimos que nos enseñe que la historia de dos personas que se comprometen a amarse es una obra maestra forjada por Dios, no un medio para conservar la especie. Le pedimos que nos recuerde que la muerte de una buena persona es una pérdida importante para el mundo y Dios, que el nacimiento de un niño judío y su maduración para afirmar la tradición judía fortalece la presencia de Dios en el mundo. Le pedimos al judaísmo que nos ayude a festejar el hecho de que un Bar Mitzvá es más que una fiesta de cumpleaños, una boda es más que un contrato legal. Le pedimos que nos ayude a enfrentar la muerte, que es algo más que un hecho biológico. Queremos que nos enseñe las palabras que debemos decir y las cosas que debemos hacer, que nos haga saber que hacemos lo mismo que muchas generaciones de judíos en momentos similares. Y el judaísmo responde para darnos lo que necesitamos.

9

Por qué amamos a Israel

Entro en la playa de estacionamiento dos minutos
después de la hora. Llego un poco tarde a mi reunión,
pero estoy seguro de que los demás todavía no han llegado. La emisora sintonizada en mi radio acaba de iniciar el panorama noticioso de la hora. Estoy a punto
de apagarla, cuando el locutor dice: "Y en Medio
Oriente...", entonces retiro la mano y escucho con
atención. ¿Por qué lo hago? ¿Por qué presto tanta
atención a cada noticia proveniente de Israel? Me
recuerda a mi abuela, que leía las listas de víctimas de
accidentes de aviación en busca de apellidos judíos.

Con los años he descubierto que el aspecto del
judaísmo que desconcierta más a los no judíos es la
importancia que tiene Israel para nuestras mentes y
espíritus. No tiene analogía en el mundo cristiano.
No se compara con los sentimientos del católico
hacia el Vaticano o del luterano hacia Alemania. Es
distinto del lazo afectivo de los ítalo-americanos con
Italia o de los descendientes de irlandeses con la
madre patria. La mayoría de los judíos que emigraban
a occidente venían de Europa, no de Israel. Somos
pocos los que podemos trazar nuestro árbol genealó-

gico hasta un antepasado en el Medio Oriente.

Además, nuestros lazos no son nostálgicos ni teológicos sino afectivos. Atraviesan todas las fronteras religiosas y sociales. Judíos devotos y no devotos, ortodoxos y liberales, ricos y pobres: el amor a Israel los une más que cualquier otro rubro de la agenda judía (salvo tal vez el antisemitismo). ¿A qué se debe?

No es un lazo político. Todos los judíos que conozco hacen una distinción entre la idea de una patria judía en Israel (que defendemos incondicionalmente y con pasión) y el Estado político de Israel (cuyo gobierno nos puede parecer bueno o malo; en este sentido nos parecemos a la mayoría de los norteamericanos, partidarios incondicionales de la democracia aunque les disgusten las medidas del gobierno en funciones). Los judíos norteamericanos son ciudadanos de un solo país, Estados Unidos.

Tampoco es un lazo religioso. Los judíos indiferentes a la religión aman a Israel tanto como sus vecinos devotos. (Para muchos de aquéllos, el amor a Israel es casi una religión.) Tampoco es histórico, en un sentido preciso; la historia judía transcurrió fuera de Israel durante mucho más tiempo que fronteras adentro, desde la entrega de la Torá en el Sinaí hasta los descubrimientos de Freud y Einstein en Europa, pasando por la codificación del Talmud en Babilonia y los escritos filosóficos de Maimónides en España.

Entonces, ¿cuál es la naturaleza de este amor por Israel? En parte es irracional, como todo amor, y no admite explicaciones. Pero me parece que en parte podemos comprenderlo.

Cuando se celebró el Pacto en Sinaí, Dios pidió al pueblo de Israel que adoptara un cierto género de vida, que fuera una nación modelo, y el pueblo así lo prometió. ¿Cuál fue el compromiso de Dios? ¿Qué les prometió a cambio? No les prometió una vida fácil y de riquezas, sino, en primer lugar, la sensación de Su presencia, de que éramos un pueblo único, especial; en segundo lugar, una tierra propia. En otros libros bíblicos, cuando los profetas quieren amenazar a Israel con los peores castigos por su infidelidad, ¿qué le dicen? Que Dios les retirará Su presencia para que sean un pueblo como los demás y que se los arrojará de su tierra.

Israel es el símbolo de que somos un pueblo, no sólo un conjunto de creencias. Uno de los conceptos recurrentes de este libro es que el judaísmo se asienta en la comunidad más que en la teología. Una teología puede existir en las páginas de un libro. Los individuos pueden adherir a ella dondequiera que vivan y afirmar su solidaridad al reunirse periódicamente en un templo. Pero un pueblo no es una abstracción; necesita un lugar donde vivir. El concepto jurídico del matrimonio no requiere otra cosa que las páginas de los códigos legales, pero cuando un hombre y una mujer se casan, deben hallar un hogar y amueblarlo.

La complejidad de nuestra relación con Israel se debe en parte a que el concepto comprende varias ideas diferenciadas. Por un lado es un Estado, una entidad política donde la mayoría de la población es judía, pero hay importantes comunidades musulmanas y cristianas, además de representantes de otras poblaciones. (En Israel se encuentra un importante santuario de la fe Baha'i; hay toda una comunidad de refugiados budistas del sudeste asiático.) Pero al mismo tiempo es la patria del pueblo judío, incluso de los que no viven ahí y, como ciudadanos de otro país, no tienen lazos políticos con Israel. La bandera blanca y celeste con la estrella de seis puntas y el himno Hatikva (La esperanza) son los símbolos del Estado de

Israel, pero también del pueblo judío en todo el mundo. Su significación es tanto judeo-religiosa como político-israelí. Los miembros de una organización judía que inician o terminan sus reuniones entonando el *Hatikva* no lo hacen como ciudadanos de Israel. (Si el Estado de Israel hubiera adoptado como letra de su himno el Salmo 137 —"Junto a los ríos de Babilonia, allí nos sentábamos, y llorábamos, recordando a Sion... Si me olvidare de ti, oh Jerusalén..."— éste no hubiera dejado de ser un poema religioso y un pasaje de las Escrituras al servir de himno para una entidad política.)

En la literatura tradicional judía, Israel designa indistintamente la tierra y el pueblo. En la ceremonia nupcial, el novio debe decirle a la novia, "Con este anillo eres mi esposa de acuerdo con la ley de Moisés y de Israel", es decir, del pueblo judío, los hijos de Israel. Cuando yo oficio en una boda, instruyo al novio que diga, "...de acuerdo con la ley de Moisés y del pueblo judío" a fin de evitar confusiones, para que los asistentes no piensen que las bodas judías obedecen a las leyes del Estado de Israel en lugar de las de Massachusetts.

Aparte de eso, la existencia del Estado judío de Israel expresa que el mundo acepta el derecho de los judíos a vivir. Para un no judío es casi imposible comprender el significado de la huella que dejaron el Holocausto y los siglos de persecuciones en el alma judía. No conozco otro pueblo que se pregunte todas las mañanas al despertar si el mundo le permitirá vivir. Tal vez otras minorías oprimidas como los afroamericanos conocen esta sensación de vulnerabilidad. Pero después de la experiencia nazi, los judíos comprendemos que jamás podremos sentirnos totalmente seguros, por grandes que fueren el éxito económico y la integración social. En el momento de escribir estas líneas, leo en los diarios las declaraciones cuasi antisemitas de importantes políticos, así como noticias sobre mentes enfermas que niegan la Shoa, *skinheads* que atacan sinagogas y amenazan con sus actos de violencia a los judíos y otras comunidades que ellos detestan. A los niños asustados por esas noticias, trato de convencerlos de que en todos los países hay personas enfermas y confundidas, pero que en Estados Unidos, a diferencia de la Alemania nazi, el gobierno y la policía están con nosotros y nos protegen. La aceptación internacional de Israel transmite el mismo mensaje en términos adultos y globales: "A pesar de los profetas del odio y las mentes enfermas, el pueblo judío tiene un lugar en el mundo".

Sospecho que esa es la causa de que muchos reaccionemos defensivamente cuando se critica a Israel: siempre tememos que la crítica conduzca a la negación del derecho de Israel a existir. No somos paranoicos cuando advertimos que las Naciones Unidas dedican tantas energías a juzgar a Israel. No somos hipersensibles cuando señalamos que a ningún otro país se le exige que justifique constantemente su derecho de existir. (¿Quién exige el desmantelamiento de Pakistán y la devolución de la tierra a decenas de millones de hindúes desplazados por la creación del Estado islámico en 1947?) Por cierto que es válido criticar las acciones y medidas del moderno Estado de Israel; el autor de estas líneas ha formulado no pocas críticas. Pero debido a la importancia simbólica que le atribuimos, somos sensibles a la diferencia entre la frase: "Israel no es perfecto; debemos criticarlo para que mejore" y aquella de, "Israel no es perfecto; por lo tanto, lejos de protegerlo de sus enemigos, debemos quitar la tierra a sus habitantes judíos y entregarla a otros". Aquella es un comentario geopolítico, esta es una concepción antisemita que equivale a castigar al Estado judío por actos que no suscitarían críticas si los cometieran otros Estados.

Para los judíos de occidente (y nuevamente, esto parecerá extraño a quien nunca tuvo la sensación de formar parte de una minoría cultural), Israel es importante porque es el único lugar donde ser judío no es la excepción sino la norma. Al retornar de un viaje a Israel, muchos de mis feligreses han expresado la grata e inesperada sensación de comprender que todo el mundo alrededor —el agente de policía, el conductor del taxi, el verdulero— era judío. En sus orígenes, el movimiento sionista estaba dividido entre los partidarios de "una patria nuestra donde seamos libres para constituir ese pueblo especial convocado por Dios" y los de "una patria nuestra donde podamos ser un pueblo normal, como los rumanos o los noruegos". Israel atrae a muchos porque les permite ser parte de la sociedad en lugar de marginarlos de ella. Toda la sociedad que los rodea detiene su marcha en el Shabat y las festividades. Durante diciembre no se les recuerda diariamente que son distintos de sus vecinos. Pero atrae a otros porque les permite ser distintos y responder a preguntas tales como, "¿Qué clase de sociedad crearían los judíos si se les diera plena libertad para hacerlo? ¿Cómo sería un sistema educativo judío? ¿Un sistema penitenciario judío? ¿Un ejército judío?" Hace algunos años se había difundido un cuento de autor israelí en el que un personaje se negaba a estudiar la historia judía porque según él, "La historia judía no existe. La historia relata lo que hace la gente. La historia judía trata de lo que otros nos hicieron a nosotros". Muchos pensamos que la fundación de Israel representa el reingreso del pueblo judío en la historia, la recuperación del derecho de tener una historia como en la época bíblica, en lugar de quedar relegados a un papel de reparto en la historia ajena.

A veces pienso que nuestro amor a Israel obedece a otro motivo importante. Ha modificado nuestra imagen pública, el estereotipo que evocan muchos gentiles cuando se habla de los judíos. En 1948, cuando cumplí mi Bar Mitzvá, recibí entre otros regalos un libro titulado *The Jew in American Sports* [El judío en el deporte norteamericano]. Contenía biografías de Sid Luckman, Hank Greenberg, el boxeador Barney Ross y de un conjunto de ignotos atletas judíos para demostrar que podíamos sobresalir en las actividades físicas. Otro libro trataba sobre soldados judíos condecorados por su valor en la Segunda Guerra Mundial. Me avergüenza recordar que el título era *Jews Fought Too* [Algunos judíos también combatieron]. El objeto de esa clase de libros era contrarrestar la imagen pública del judío, una persona que sabía estudiar y ganar dinero, pero nunca se destacaba en actividades que requerían fortaleza física o valor. (Un diario anglo-judío que incluye una columna deportiva semanal publicó un artículo sobre los judíos en la liga nacional de fútbol norteamericano. Todos los judíos mencionados en la nota eran dirigentes, no jugadores.)

Todo cambió con la existencia de Israel. Si yo fuera israelí, tal vez preferiría que mi país tuviera la tercera economía del mundo en lugar de la tercera fuerza aérea. Pero como judío norteamericano, me complace (tal vez en exceso, como si hubiera hecho mías concepciones ajenas al judaísmo sobre lo que es admirable) pensar en el judío como soldado o piloto de combate israelí en lugar de profesor o tendero: más parecido a Paul Newman en *Éxodo* que a Woody Allen en *Dos extraños amantes*.

Existe aun otra explicación del papel extraordinario que cumple Israel en la psique judía. Al volver a la antigua patria, nos identificamos como descendientes del pueblo que dio la Biblia al mundo. Los números dicen que los judíos vivieron más tiempo fuera de Israel que dentro de sus fronteras. Pero así como algunos días de nuestras vidas son más importantes que otros, ciertos siglos forjan la percepción que tiene un pueblo de sí mismo más que otros. Nos convertimos en lo que somos cuando vivíamos en la tierra de Israel, construíamos un Templo en Jerusalén, escribíamos salmos y esuchábamos a los profetas.

Por eso la mitad de la población israelí es aficionada a la arqueología. Hallar un fragmento de arcilla de la época bíblica, una moneda de los años de la rebelión contra Roma, significa demostrar la continuidad del Israel contemporáneo con el de la era bíblica. Verifica la afirmación de que Israel no es un país nuevo, fundado hace cuatro décadas, sino en verdad uno de los más antiguos del mundo, uno de los pocos lugares donde el mismo pueblo vive y habla el mismo idioma que hace dos mil años.

Eso explica por qué los judíos se conmovieron hasta las lágrimas en junio de 1967, cuando la Ciudad Vieja de Jerusalén, el Muro Occidental del Templo, la Tumba de los Patriarcas en Hebrón y otros lugares bíblicos fueron incorporados a Israel. Todos, incluso los judíos sin religión, se emocionaron ante esa conexión con sus orígenes bíblicos. Dos meses después de la Guerra de los Seis Días, la mitad de la población israelí, constituida mayoritariamente por judíos no religiosos, había orado en el Muro Occidental en Jerusalén.

Unos kilómetros al sudeste de Jerusalén, por la ruta a Belén, hay un edificio llamado la Tumba de Raquel. Se dice a los turistas que Jacob enterró allí a su amada esposa Raquel, quien murió al dar a luz (Génesis 35:19-20). Durante diecinueve años, los judíos (aunque no fueran sionistas ni israelíes) no pudieron acceder a ese lugar de significación religiosa. En 1967, en su avance hacia Belén, lo primero que vieron los soldados israelíes al llegar a la Tumba de Raquel fue la inscripción en uno de los muros, la promesa de Dios a Raquel en el capítulo 31 de Jeremías: "y tus hijos volverán a su propia tierra".

Una frase genera más ansiedad que cualquier otra en los corazones de los judíos que aman a Israel: "lealtad dual". Se acusa a los judíos norteamericanos de dar prioridad a las necesidades de Israel sobre las de Estados Unidos. En el nivel más elemental, no es verdad. Los judíos norteamericanos son leales a su país y lo han demostrado en repetidas ocasiones.

Pero en un nivel más complejo, me declaro culpable de la acusación de lealtad múltiple. En realidad, sólo un mediocre es leal a una sola causa. Todos tenemos muchas lealtades —para con la familia, la fe, el trabajo, además de la patria— que suelen entrar en conflicto. Un agricultor exhorta a su diputado a que apoye un aumento de los precios de los alimentos, un obrero metalúrgico o mecánico quiere que el gobierno proteja a su empresa de la competencia extranjera, aunque todos saben que con esas medidas aumentará el costo de la vida. El cristiano fundamentalista que dice, "a pesar de lo que dice la ley, yo quiero que se dicte religión en la escuela estatal", seguramente no piensa que antepone los intereses de su religión a los del país. Y jamás permitiremos que se dude de nuestra lealtad por exhortar al gobierno a que apoye a Israel, un acosado puesto de avanzada de la democracia y un amigo fiel.

Como tú, lector, tengo muchas lealtades y con frecuencia estoy obligado a elegir cuando entran en conflicto. Algunos conflictos son triviales: los intereses de la salud cuando me sirven un postre delicioso, o la obligación de asistir a la sinagoga cuando se juega la final del campeonato de béisbol. Otros son más graves. Pero mi lealtad primera es para con Dios y mi integridad personal como hijo de Dios. Cuando pido que Estados Unidos apoye a Israel, considero que soy buen ciudadano y buen judío. Si alguna vez pensara que no podría apoyar a Israel sin violar mi propia integridad, revisaría lo primero (así como pondría en tela de juicio mi lealtad para con un familiar si ésta —por ejemplo, al ocultar pruebas de un delito grave— violara mi integridad). Si mi país cambiara de manera tal que yo no pudiera conservar mi lealtad hacia él, si algún gobierno apoyara un programa de persecución religiosa o racial, espero tener el valor de oponerme a él, así como un puñado de alemanes valientes se opusieron a Hitler. El novelista inglés E.M. Forster dijo que si alguna vez debía elegir entre la traición a la patria y la traición a sus amigos, esperaba tener el valor de optar por lo primero. La primera vez que leí esa frase, me sentí escandalizado. Me pareció una apología de la traición. Pero después de pensarlo bien, llegué a la conclusión de que expresaba una idea mucho más profunda. ¿Acaso los norteamericanos no nos sentíamos horrorizados y asqueados cuando los gobiernos nazis y comunistas exhortaban a los niños a delatar a sus padres si éstos criticaban a las autoridades o escuchaban radioemisoras prohibidas? En las raras ocasiones en que la religión entra en conflicto con el patriotismo, yo no elijo automáticamente una u otra. Me pregunto cuál de las alternativas me permite ser leal a mí mismo y servir mejor a Dios.

¿Los judíos se preocupan más por otros judíos que por los gentiles? Espero que sí. El gran filósofo Emmanuel Kant dijo que es inaceptable desde el punto de vista filosófico ser más cordial con un amigo que con un desconocido: me parece una de las frases más idiotas jamás dichas por una personalidad brillante. Aparentemente, sentimientos irracionales como el amor y la lealtad no tienen cabida en su filosofía. No creo que complacería a mi esposa si le dijera que, por razones de coherencia filosófica, hubiera decidido amar a todas las mujeres del mundo tanto como a ella. El afecto por los judíos, lejos de reemplazar el afecto por la gente en general, me prepara para ello.

Al decir del sociólogo Leonard Fein, la hermandad del hombre es un concepto demasiado vasto para que uno pueda asumirlo. No acepto la idea de tener cinco mil millones de hermanos. Por eso, dice Fein, creo que todos los judíos son hermanos y todos los hombres son primos. Al preocuparme por la suerte de todos los judíos, incluso de aquellos que no conozco e incluso no estimaría si llegara a conocerlos, al reconocer que les debo ese afecto debido a nuestro común judaísmo, aprendo a sentir afecto por personas que no conozco. Cultivo el hábito de amar a judíos que desconozco a fin de poder extender el sentimiento a los no judíos. La mejor prueba de la tesis de Fein es que los judíos más generosos con Israel y con instituciones caritativas judías son los que más aportan a la investigación médica en general o a los museos. Mientras Israel sea Israel y Estados Unidos sea Estados Unidos, amaré y seré leal a ambos, así como a mi familia, mis amigos, mi sinagoga, mi comunidad, mi trabajo. Y creo que con ello seré mejor ciudadano.

10

Por qué nos odian ciertas personas

Dos recuerdos de mis años de rabino. El primero es el de una pareja de jóvenes enamorados que vinieron a verme. Parecían la prueba viviente de la atracción de los contrarios. Él era judío, moreno, apasionado; ella era rubia, serena, de una típica familia "protestante-como-todo-el-mundo-en-nuestra-ciudad". Querían casarse y habían resuelto que ella se convertiría al judaísmo para que hubiera una sola religión en su familia y su hogar. Les hablé del período de estudio y la ceremonia de conversión. A ella le dije que el judaísmo no requería su conversión para considerarla una buena persona, pero que nos parecía válido su deseo de fundar un hogar unido en su religión. Le expliqué que su conversión significaba no sólo la aceptación de una teología sino también el ingreso en una familia dispersa por el mundo. Entonces, como a todos los postulantes a la conversión, le hice una advertencia. Le dije a la joven que había gente en el mundo que en ese momento no tenía nada en su contra, pero que los odiarían a ella y a sus hijos si fueran judíos. Que en realidad no eran tantos ni tenían el apoyo del gobierno, como lo habían tenido los antisemitas en otros países, pero uno nunca sabía cuándo decidirían entrar en acción. Vi la mueca de dolor del joven al recordar las historias sobre los sufrimientos de los judíos que había escuchado en las clases de religión y comprender que tal vez la mujer que amaba también tendría que padecerlos. Vi la tristeza en los ojos de la joven al pensar en sus futuros hijos, y acaso cierta vergüenza al comprender lo que había sufrido el primer pueblo amado por Dios a manos de sus correligionarios cristianos.

Segundo recuerdo: tomábamos café en una casa de familia. Éramos varios matrimonios judíos, miembros de la congregación en la cual yo oficiaba y todos teníamos hijos pequeños. Conversábamos de política local y nacional, cuando una esposa preguntó: "Si un partido de tipo nazi llega al poder en Estados Unidos, ¿cuántos de nosotros conocemos una familia cristiana a la que confiaríamos nuestros hijos para que los ocultaran?" No recuerdo si algunos teníamos buenos amigos cristianos y otros no, sino que a ninguno de los presentes le pareció una pregunta absurda. Nadie esperaba que sucediera, pero a nadie le pareció inconcebible. Así de profunda es la herida que dejaron siglos de antisemitismo en el alma judía.

Ser judío significa tener recuerdos muy penosos de cómo nos ha tratado el mundo no judío. Conozco judíos de mediana edad que saben muy poco sobre la historia y las creencias judías, pero recuerdan los insultos y las peleas en la escuela, así como los rechazos de solicitudes de trabajo por el hecho de ser judíos. Recientemente, uno de los más destacados golfistas norteamericanos renunció al club donde había aprendido a jugar porque rechazaron la solicitud de ingreso de su suegro judío.

El problema del antisemitismo plantea tres preguntas:

—¿Por qué odia la gente?
—¿Por qué son los judíos el objeto tradicional de ese odio?
—¿Qué podemos hacer los judíos para contrarrestarlo?

En cuanto al motivo del odio y por qué está dirigido a los judíos, permítaseme afirmar con toda energía que no se debe a presuntas faltas de los judíos y no desaparecerá si cambiamos nuestros hábitos. Si algunos judíos (como muchos gentiles) son vulgares y agresivos o culpables de prácticas empresarias contrarias a la ética, uno tiene todo el derecho de detestarlos como individuos, pero no de extender ese sentimiento a los miembros inocentes de un grupo mayor. Como todos los prejuicios raciales y religiosos, el antisemitismo es un signo de que algo le pasa al que odia, no a su víctima.

Una vez escuché un sermón sobre el versículo de Génesis 29:31, "Y vio el Señor que Lea era odiada" por su esposo Jacob. Recordemos la historia. Jacob había cometido una falta al presentarse a su padre ciego Isaac como si fuera su hermano mayor Esaú a fin de recibir por medios fraudulentos la bendición del primogénito. Escapó del hogar y se fue a vivir con su tío Labán en Siria, donde se enamoró de Raquel, la bella hija menor. Por falta de dinero para la dote, trabajó durante siete años para obtener el derecho de casarse con ella. Pero en medio de la bebida y el jolgorio de la noche de bodas, Labán sustituyó a Raquel por su hermana mayor Lea, una mujer fea. Jacob tuvo que trabajar siete años más para obtener a Raquel. El oficiante dijo: "Puedo entender que Jacob odiara a Labán por sus engaños. Puedo entender que amara a Raquel más que a Lea, o que no amara a Lea en absoluto. Pero, ¿por qué la odia?" Su respuesta: Jacob odia a Lea porque ella le recuerda algo que odia en sí mismo: el haber reemplazado a su hermano y engañado a su padre. Cada vez que piensa en Lea, recuerda ese incidente vergonzoso. Cuando Jacob se queja del engaño, Labán se justifica: "No se hace así en nuestro lugar, que se dé la menor antes que la mayor", que es precisamente lo que había hecho Jacob.

Odiamos a alguien porque nos recuerda algo que odiamos en nosotros mismos. Los psicoanalistas Carl Jung y Erik Erikson definieron el concepto del Otro, alguien de raza, religión o sexo distintos de los nuestros a quien consideramos la encarnación de todo lo que no queremos reconocer en nosotros mismos. Cuando sentimos la tentación de cometer un acto deshonesto en nuestras relaciones profesionales o familiares, nos alivia pensar: "No soy deshonesto. Deshonestos son los judíos (o los negros, o cualquier otra minoría vulnerable), y puesto que no soy negro (o lo que fuere), el problema no es mío. No bebo en exceso. Los irlandeses son bebedores, y yo no lo soy". Estos estereotipos tienen poco que ver con la realidad, pero mucho que ver con lo que nos desagrada en nosotros mismos; de ahí su carácter absurdo y contradictorio. El Otro es detestado a la vez por obsesivo sexual e impotente, por débil y peligrosamente fuerte, por agresivo y exclusivista. En realidad, estas imágenes contradictorias no describen al objeto de nuestro odio, sobre el cual proyectamos cualidades que no queremos que se asocien con nosotros. Y desde luego, hay que esforzarse mucho para no comprender que, en el fondo, los negros, los norteamericanos de origen latino y los católicos romanos se parecen bastante a nosotros.

Pues bien, los que odian son gente de espíritu mezquino, insegura, débil en su afectividad. En muchos casos empiezan por odiarse a sí mismos para luego convencerse de que los demás son peores. La gente de esta clase suele requerir el ministerio de la religión para afrontar sus malos sentimientos y por eso acude con frecuencia a la iglesia o la sinagoga. Tal vez por eso, aunque las religiones predican el amor, muchas personas que hacen ostentación de religiosidad no lo practican. En respuesta a críticas dirigidas a la conducta de feligreses prominentes de la sinagoga, yo siempre digo que un templo que sólo recibiera a los santos sería como un hospital que sólo aceptara a gente sana. Sería mucho más fácil de administrar, pero esa no es nuestra misión.

El miedo y la envidia también suelen cumplir un papel en esto. En Estados Unidos se enseña que todo es posible a base de esfuerzo, pero cuando gente distinta de nosotros trata de hacerlo, la competencia nos produce pánico. Nuestra actitud hacia las minorías —los estudiantes universitarios asiáticos, los atletas negros, los fabricantes japoneses de automotores— ha virado con gran rapidez del "no hay que dejarlos entrar, son unos incapaces", al "no hay que dejarlos entrar, nos están desplazando".

Pero cabe preguntar por qué en todos los siglos ciertas personas han hecho de los judíos el blanco preferido de su intolerancia. Ya que el antisemitismo parece ser el "resfrío común" de los prejuicios, abundan las explicaciones.

En primer lugar, los judíos somos minoría en prácticamente todos los lugares donde vivimos, y como tales, somos vulnerables al estigma del Otro. En una sociedad donde la mayoría se identifica con el cristianismo, "no cristiano" puede ser sinónimo de "malo", "deficiente". Pero esta explicación es insuficiente. Otras minorías religiosas o étnicas han sido víctimas de malos tratos, pero ninguna de manera tan virulenta y constante como nosotros. ¡Lo más notable es que existieron tendencias antisemitas incluso en países donde no había judíos, como la Inglaterra del siglo XVI —Shakespeare creó a Shylock sin haber conocido a un judío—y la Arabia Saudí del siglo XX!

Ciertos estudiosos del fenómeno histórico del antisemitismo sostienen que el mundo es hostil al judío porque ve en él la fuente de la conciencia. Como dijo el escritor Maurice Samuel, "uno no ama a su despertador". Podemos enorgullecernos de que Dios eligiera a los judíos para proclamar por primera vez que estaba mal (no sólo era ilegal) robar, matar o cometer adulterio. Pero otros nos guardan rencor por decirlo, así como detestan al médico que les prohíbe los postres o al policía que les impide superar el límite de velocidad. A nadie le gusta que le digan, "No harás tal cosa".

Sospecho que el entusiasmo con que los gobiernos occidentales y los cristianos liberales critican a Israel se debe en buena medida al rencor que les causa la superioridad moral de los judíos después del Holocausto. El recuerdo de una situación en la cual los cristianos fueron los villanos y los judíos las víctimas inocentes genera en muchos el deseo desesperado de poder decir: "Lo ven, no son mejores que nosotros. Cuando llegan al poder, son iguales que los nazis". Ésta es la paradoja del antisemitismo. Podemos ser tan normales e imperfectos como cualquiera, pero algunos no olvidan que le enseñamos al mundo el "no harás tal cosa". Y cuando nos esforzamos por ser una bendición para el mundo, mostrarnos más caritativos y defensores de los valores familiares que los demás a fin de que las naciones nos admiren por ello, es igualmente probable que sientan rencor por ello.

En mis estudios he hallado otra teoría para explicar por qué los judíos han sido objeto de persecuciones, no sólo durante el oscurantismo de la Europa medieval sino también en el "esclarecido" siglo xx. Puesto que nuestra tradición nos enseña a identificarnos con los oprimidos y ocuparnos del bienestar del mundo, y puesto que el statu quo solía ser injusto y penoso para nosotros, los judíos solemos gravitar hacia los movimientos en favor del progreso social. Recordamos el Éxodo de Pésaj al apoyar las revoluciones americanas, francesa y rusa contra el despotismo de los reyes. Participamos en la primera línea de la lucha por los derechos de los negros y las mujeres. Sometidos por la bota de la opresión oficial, siempre tendimos a apoyar la ampliación de las libertades individuales y oponernos a la censura, aunque se tratara de la libertad de marchar por los barrios judíos con uniformes nazis y defender la publicación de textos que nos insultaban. Antepusimos el principio de la libertad a nuestros propios sentimientos, incluso a nuestros intereses. No todos nos lo agradecen. Algunas personas, sobre todo las que se benefician con el status quo, temen el progreso social porque amenaza su prestigio, su poder o el mundo que conocen. Para ellos los judíos tienen excesiva participación en las causas socialistas o el movimiento por los derechos civiles y por eso acusan a todos de ser alborotadores y amenazas para la sociedad.

Recordemos el caso Dreyfus en Francia, hace un siglo. Alfred Dreyfus era un judío asimilado y militar de carrera. Cuando se interceptó un mensaje que transmitía secretos militares a los alemanes, muchos se precipitaron a acusarlo de ser el traidor. Su juicio y condena con pruebas manifiestamente falsas dividió a Francia en dos bandos. Las pasiones se inflamaron hasta el punto de que en las fiestas en casas particulares, las anfitrionas prohibían toda mención del caso Dreyfus a fin de que la velada no terminara en polémicas enconadas. ¿A qué se debía semejante apasionamiento? Lo que estaba en juego era más importante que la culpabilidad o inocencia de un individuo. (Lo irónico del caso es que Dreyfus casi no reivindicaba su carácter de judío, aunque toda Francia sí lo hacía.) Dreyfus era el símbolo de la Nueva Francia contra el Antiguo Régimen anterior a la revolución. Algunos franceses querían que su sociedad admitiera a cualquier persona que tuviera algo que aportar. Otros sentían nostalgias por la época en que el rey, la Iglesia y el ejército gobernaban el país y cada cual ocupaba el lugar que le estaba asignado (así como en Estados Unidos algunos quieren volver a las épocas en que los negros, los judíos, las mujeres y los católicos romanos permanecían entre bambalinas y dejaban el escenario a los "auténticos norteamericanos"). Los judíos aparecían como agentes de la destrucción de la Vieja Francia y su reemplazo por una nación nueva, menos "auténticamente francesa". Para esta gente, Alfred Dreyfus no era un judío asimilado que dedicaba su vida a servir a la patria sino una amenaza al modo de vida tradicional; por eso lo odiaban.

Además, lamento decir que la historia trágica del antisemitismo contiene un elemento propiamente cristiano. Ciertas voces de la comunidad cristiana han dicho que si el cristianismo es la verdad, el judaísmo debe ser la mentira, y viceversa. Si Jesús fue en primer término a los judíos y (según los cristianos) ellos lo rechazaron, entonces debe ser un pueblo ciego hasta la perversidad. Que un hindú no sea cristiano, dicen, es atribuible a la ignorancia o el desconocimiento, pero que un judío no acepte a Cristo es señal de una terquedad deliberada. (Cabe preguntarse si esto no revela cierta inseguridad, como si se dijera: "He apostado mi alma a que Jesús es el Mesías, y si fue rechazado por aquellos que lo conocieron de cerca y estaban familiarizados con las promesas mesiánicas, tal vez estoy equivocado. Pero como no puedo asumir esa posibilidad, debo convencerme de que han caído en un terrible error".)

Una vez se me hizo la siguiente pregunta después de una conferencia pública: "¿Acaso la historia de la dispersión y la opresión de los judíos no demuestra que se los maldijo por rechazar a Jesús?"

Respondí: "No, de ninguna manera, porque los que vaticinaron los sufrimientos de los judíos fueron los mismos que los persiguieron. Es como si yo vaticinara que aquella ventana se va romper y a continuación le arrojara una piedra. El acto revelaría que soy propenso a la violencia, no que poseo el don de la profecía".

Desgraciadamente, los siglos de formación del cristianismo, cuando se escribieron los Evangelios y vivieron los primeros Padres de la Iglesia, fueron de competencia intensa entre la religión naciente y su fe paterna, el judaísmo. El cristianismo quería mostrarse distinto de, y superior a éste a los ojos de los romanos, los conversos en potencia. Así hacen los agentes publicitarios: difunden las deficiencias del competidor a la vez que exaltan las bondades propias. (Imaginemos qué pensarían los bebedores de Coca Cola si se proclamara que la publicidad de Pepsi es la Sagrada

Escritura infalible. O qué pasaría si el historiador del futuro sólo conociera la presidencia del republicano Ronald Reagan a través de los discursos de la oposición demócrata. Así sucede cuando la imagen del judaísmo proviene de documentos cristianos antiguos y medievales.)

¿Qué debemos hacer para que la gente cambie esos sentimientos? ¿Cómo enseñaremos a los que odian a dejar el odio? Lo que no debemos hacer es modificar nuestra conducta para que sea menos provocadora, para demostrar que somos buena gente o buenos ciudadanos. Hay motivos para que los judíos sean buenos vecinos y profesionales honrados, pero la lucha contra el antisemitismo no es uno de ellos. El odio nace del odio de sí mismo y la inseguridad del intolerante. Por eso tiende a aumentar en épocas de penuria económica. En la medida que menos personas se sientan marginadas de la sociedad, que ésta les brinde mayores oportunidades económicas, haya menos revistas que muestran la vida de los ricos y hacen sentir a los demás como unos fracasados, serán cada vez menos los que odien a sus vecinos.

En la medida que la intolerancia y el odio se vuelvan inaceptables, se rechacen los motes insultantes y los chistes étnicos racistas, menos personas se sentirán en libertad de odiar. Recordemos que en el fondo, el que odia es una persona insegura. En su afán por hacerse aceptar, aplica entre otras la estrategia de denigrar a otros. En la medida que esos comentarios se vuelvan inaceptables, es menos probable que los formule.

Hace algunos años, una organización comunitaria judía realizó un experimento fascinante sobre la manera de cambiar las actitudes antisemitas. En una colonia veraniega de la la Asociación Cristiana de

Jóvenes, hicieron un test psicológico para conocer las actitudes de los jóvenes hacia los judíos. Luego los dividieron en tres grupos. Al grupo uno se lo adoctrinó durante seis horas sobre los aportes judíos a la civilización, desde la Biblia hasta los grandes artistas, atletas y médicos. Al grupo dos se le dio una lección de historia sobre los padecimientos judíos a lo largo de los siglos hasta llegar al Holocausto, y la dignidad con la que sobrellevamos la persecución. Con el grupo tres no se habló una palabra sobre el judaísmo sino sobre la falsedad de las generalizaciones sobre las personas. Al cabo de una semana se repitió la prueba psicológica para determinar si se había producido algún cambio de actitud. En el grupo uno, sobre los aportes judíos a la civilización, no hubo cambios. El grupo que había estudiado los padecimientos judíos mostró un leve incremento en las actitudes antisemitas. (¿Rencor por la superioridad moral de los judíos? ¿La convicción de que "algo habrán hecho para merecerlo"?) El grupo de adolescentes que discutió sobre la estupidez de los prejuicios mostró una disminución significativa de los sentimientos negativos hacia los judíos. Conclusión: la mejor manera de combatir el prejuicio es fomentar un clima en el cual la expresión de esos sentimientos sobre otro grupo sea socialmente inaceptable.

¿Qué podemos hacer con los pasajes del Nuevo Testamento que culpan a los judíos por la Crucifixión? No puedo pedirle a mi vecino cristiano que censure o reescriba sus sagradas escrituras; sería lo mismo que si las feministas o los homosexuales exigieran que yo altere los pasajes de la Torá que los ofenden. Pero sí puedo pedirle que sitúe esos pasajes en su contexto histórico (tal como hago yo con los versículos sexistas, esclavistas o antihomosexuales

223

de la Biblia hebrea) y los interprete a la luz de las enseñanzas cristianas contemporáneas. Uno de los resultados alentadores del diálogo local e internacional entre judíos y cristianos ha sido una serie de declaraciones, directivas y textos reelaborados que condenan por anticristianos los estereotipos antijudíos del pasado.

Pero el problema de cómo respondemos al antisemitismo tiene otra dimensión, más importante que la primera. No sólo debemos ocuparnos de las actitudes del mundo gentil que nos rodea, sino también asumir esta herencia dolorosa de nuestro pasado. Tengo algunas ideas firmes al respecto. Creo que tenemos el deber de honrar la memoria de los mártires judíos del pasado y conservar la historia de sus padecimientos. Sus sacrificios enriquecen la tradicion judía. Además, debemos aprender que el mundo puede ser cruel e injusto y dar testimonio de ello en tanto judíos. Pero por varias razones, me parece una grave equivocación basar exageradamente nuestra percepción del judaísmo en este pasado cruento.

En primer lugar, nos enseña a ver el judaísmo bajo una luz negativa, como una traba y fuente de muchos peligros en lugar de considerarlo una bendición y una fuente de enriquecimiento espiritual. Esta imagen sería falsa desde el punto de vista histórico. En España, los judíos constituyeron una comunidad feliz y fecunda durante cientos de años antes de la Inquisición y la Expulsión de 1492. En Lituania y Polonia, nuestras grandes comunidades florecieron durante mil años hasta que las destruyeron los nazis. Conocer sólo su trágico final, concebir la historia judía exclusivamente en términos de derramamiento de sangre, sería como describir la vida de un querido amigo como una horrible tragedia porque al final se enfermó y murió.

Pero el hecho de destacar los sufrimientos judíos, además de históricamente erróneo, es contraproducente desde el punto de vista psicológico. Uno puede sentir pena por los perdedores del mundo, pero difícilmente deseará unirse a ellos. En la escuela religiosa, cuando un niño dice a otro: "No hice la tarea de historia para hoy. ¿De qué país nos expulsan en este capítulo?", no le enseñamos a sentir orgullo por el heroísmo del pasado judío. Un hombre que dice, "No le doy importancia a mi identidad judía, pero la reivindico cuando es víctima de la intolerancia", no sólo hace de la religión un elemento marginal de su vida sino que se prepara a abandonarla cuando deje de sentirse acosado.

Cuando los estudios de historia judía nos enseñan a vernos en el papel de víctimas más que en el de portadores de la luz de Dios, cuando los cursos sobre el Holocausto ocupan la mayor parte de los programas de los departamentos de estudios judíos de las universidades, aprendemos a concebir el judaísmo en términos negativos, como un problema que se ha de sobrellevar con valor si no se puede resolver. Algunas de las personas más tristes que conozco son judíos que tratan de huir de su identidad —cambian sus nombres, se someten a cirugía plástica, cuentan chistes que se burlaban del judaísmo y sus ritos— porque piensan que serían menos vulnerables al antisemitismo en este mundo. (Mi maestro Mordejai Kaplan decía que "esperar que el antisemita te quiera más porque eres un judío que no observa la tradición es como esperar que el toro no te ataque porque eres vegetariano".)

Al basar la propia identidad judía en el antisemitismo se crea la necesidad de encontrar la amenaza de éste donde no existe. Si el único motivo para seguir siendo judíos es que el mundo gentil nos odia y nos excluye, ¿qué sucederá cuando deje de hacerlo? ¿Su aceptación nos sorprenderá hasta el punto de que nos precipitaremos a refugiarnos encantados en su abrazo? Tendremos que encontrar señales del antisemitismo que nos rodea o bien, en su ausencia, abandonar nuestra identidad judía. Al fin y al cabo, ser judío se convierte en una obligación más que un deseo. Cuando alguien me dice, "si escarbas en un *goi* (un no judío) siempre encontrarás un antisemita", siento la tentación de responder: "Sabes, si dejaras de escarbarlo, tal vez él tendría menos razones para sentir antipatía por ti."

El desagradable fondo de todo esto es la satisfacción afectiva que genera el papel de víctima. Ésta nos permite situarnos en las alturas de la superioridad moral en cualquier discusión, es decir, reivindicar nuestra superioridad moral con respecto al adversario. Así podemos atribuir nuestras frustraciones al prejuicio ajeno, más que a las deficiencias propias. Es una actitud frecuente entre los divorciados y las víctimas de accidentes que jamás "superan" lo que se les hizo porque en este caso, al volver a la normalidad, no podrían reclamar la simpatía ajena.

El tercer motivo para no basar nuestra concepción de lo que significa ser judío en los sufrimientos judíos del pasado remoto y reciente es que distorsiona nuestra relación con los que nos rodean. La culpa no hace aflorar los mejores sentimientos. Si adoptamos la actitud de, "Soy judío, tú eres cristiano, por lo tanto estás en deuda conmigo debido al Holocausto", difícilmente el cristiano se sentirá impulsado a disculparse y tratar de amigarse. Al contrario, lo más probable es que adopte una actitud rencorosa y defensiva. (¿Cómo hemos de responder a quienes nos dicen, "Yo soy negro, tú eres blanco, estás en deuda conmigo debido a los siglos de esclavitud"?)

No quiero que mi vecino me ame o simpatice conmigo porque algún cristiano desconocido por él envió a un judío a quien no conocí a la cámara de gas en Auschwitz. Tampoco aceptaría que me rechazara a mí o a mis hijos porque un judío desconocido por mí lo estafó en una transacción comercial. Si las naciones del occidente cristiano votaron la creación de Israel en 1947 porque se sentían culpables del Holocausto, sea. Pero prefiero que reconozcan a Israel, no por una sensación de culpa sino porque admiten que los judíos son un pueblo y por lo tanto necesitan un lugar donde vivir. El apoyo a Israel basado en la culpa generará rencor y acabará por desaparecer cuando esas sensaciones se desvanezcan con el tiempo.

Mi esperanza es que dentro de cincuenta años se pueda escribir un libro sobre judaísmo que no incluya un capítulo sobre el antisemitismo (salvo que tratara de historia judía). Mientras tanto, reclamo a mi gobierno que me proteja del ataque o el acoso de los antisemitas. Reclamo a la comunidad judía organizada que actúe para reducir el antisemitismo, así como el prejucio racial y religioso en todas sus formas. Pero no quiero que nadie sienta pena por mí porque soy judío. Para mí, ser judío es algo maravilloso. Es un privilegio colosal otorgado a una de cada trescientas personas en el mundo. Lo que forja mi sentido de la identidad judía no es el miedo al rechazo de los intolerantes sino la atracción de una vida de bendiciones.

Comprendo vagamente por qué las personas insegu-
ras, de espíritu mezquino, perseguían a mis antepasados europeos por el hecho de ser judíos. Está mucho
más claro para mí por qué mis antepasados creían que
ser judío era algo importante y valedero a pesar de las
persecuciones.

11

Judíos y cristianos en el mundo contemporáneo

Para los cristianos es necesario comprender la teología del judaísmo aunque jamás conozcan a un judío de carne y hueso. Deben comprender la intención de Dios al celebrar un Pacto con el pueblo judío y cómo esto cambió a raíz del nacimiento y la muerte de Jesús. Para los judíos, no es necesario comprender el cristianismo desde el punto de vista teológico, sino práctico y sociológico. Debemos comprender lo que significa vivir como judíos en una sociedad donde el 90 por ciento de nuestros vecinos son cristianos cuya religión se basa en parte en las Escrituras hebreas, en parte en otros textos y tradiciones.

¿Cómo hemos de concebir el cristianismo? ¿Cuál ha de ser nuestra actitud hacia Jesús, judío de nacimiento, en quien muchos de nuestros vecinos ven el Divino Salvador, el Hijo de Dios? ¿Y cómo hemos de comprender los sucesos históricos en cuyo contexto el cristianismo, que en sus comienzos fue una secta diminuta dentro del mundo judío, se convirtió en la religión de la mitad del mundo? Si adoramos al mismo Dios y veneramos la misma Biblia, ¿por qué

229

ellos son tantos y nosotros tan pocos?

Permítaseme destacar que este capítulo no es una historia docta del cristianismo ni una introducción a su teología. Tampoco intenta sugerir al lector cristiano que sus creencias son erróneas. Es una descripción del fenómeno cristiano que surge de raíces judías, desde una perspectiva judía.

Por empezar, veamos el marco histórico en el cual apareció el cristianismo. Lo que llamamos el siglo I de la era cristiana, cuando Jesús vivió y murió, fue una época de agitación mesiánica en la provincia romana de Judea, que en la época bíblica se llamaba Israel. Los romanos la llamarían Palestina para tratar de borrar el recuerdo de la presencia judía con el nombre de un pueblo marinero del Mediterráneo que había poblado la costa durante un breve período alrededor del 1100 a. de C. Recuperó el nombre de Israel en 1948. Los romanos eran gobernantes crueles y codiciosos que cobraban impuestos exorbitantes para financiar su imperio y ejecutaban a cualquier sospechoso de ser un alborotador. En tiempos tan difíciles, la gente creía en la intervención inminente de Dios para salvarlos, tal como había sucedido en Egipto. Comparaba el dolor de su situación con el trabajo de parto de una mujer: los dolores más intensos preceden el alumbramiento. No sólo rezaban para que viniera el redentor mesiánico, sino que esperaban que sucediera en cualquier momento.

En su origen, la palabra hebrea Mesías era sinónimo de rey. La palabra significa "rey", aquel al que se corona al ungir su cabeza con aceite. (El significado literal es "el ungido", lo mismo que la palabra griega christos). En la época bíblica, el mesías que pedían las oraciones era un rey justo y honesto, más recto y eficaz que el que gobernaba en ese momento. Como todos los reyes legítimos, sería descendiente del rey David, pero no se le atribuían poderes sobrehumanos. Así lo describe el profeta Isaías:

Saldrá una vara del tronco de Isaí [padre de David], y un vástago retoñará de sus raíces.

Y reposará sobre él el espíritu del Señor; espíritu de sabiduría y de inteligencia, espíritu de consejo y de poder, espíritu de conocimiento y de temor del Señor. Y le hará entender diligente en el temor del Señor. No juzgará según la vista de sus ojos ni argüirá por lo que oigan sus oídos;

sino que juzgará con justicia a los pobres, y argüirá con equidad por los mansos de la tierra.
[Isaías 11:1-4.]

Dicho de otra manera, un rey bueno, justo y sabio resolvería todos los problemas.

Ochocientos años después de Isaías, la tierra de los judíos, como la mayor parte de Europa y el Medio Oriente, formaba parte del imperio romano. Ya no era suficiente esperar que viniera un rey justo y honesto. Antes de juzgar con justicia a los pobres, el rey judío debía derrotar la ocupación romana, lo cual requería la intervención divina en escala milagrosa. El Mesías debía ser una figura sobrehumana: no el Hijo de Dios o el Redentor del Pecado (conceptos no judíos formulados por el cristianismo primitivo), sino una persona capaz de conducir a los judíos a la victoria sobre la mayor fuerza militar del mundo.

En ese contexto nació Jesús de Nazaret. No conocemos los hechos de su vida a ciencia cierta. Nuestros conocimientos provienen de crónicas escritas dos generaciones después por personas que creían que él era el Mesías y querían convencer de ello a los demás.

231

La siguiente descripción somera de su vida parece creíble:

Nació en una familia obrera de Nazaret, una ciudad rural de Galilea en el norte de Israel, lejos de los centros de cultura y poder. Las fuentes cristianas posteriores dirían que sus padres viajaron a Belén poco antes de su nacimiento porque según la tradición, el Mesías vendría del pueblo natal del rey David. Pero muchos eruditos judíos y cristianos lo ponen en duda.

El joven (cuyo nombre hebreo significaba "Dios salvará") se convirtió en un maestro y predicador persuasivo y carismático, cuya visión del judaísmo (similar a la de muchos maestros judíos de la época) atribuía mayor importancia a la perfección interior que a la observancia superficial. Albert Schweitzer postula que el concepto central de las ideas de Jesús se basaba en la convicción de que el fin del mundo era inminente, probablemente sucedería durante su propia vida. Por eso había que dejar de lado todas las demás preocupaciones (casarse, ganarse la vida) a fin de prepararse para los Ultimos Días y el Juicio. Y por eso predicaba una ética (volver la otra mejilla, no odiar ni codiciar, no ocuparse de los padres y la familia) que se podía aplicar en el corto plazo, no durante toda la vida.

Muchas personas aceptaban su mensaje, presentado de manera tan eficaz, y empezó a ganar cierta fama además de un grupo de discípulos. El don de atraer seguidores que cumplían con su voluntad hacía que algunos se preguntaran si no era el redentor enviado por el cielo.

Los párrafos que siguen presentan una interpretación personal, en cierta medida anticonvencional pero plausible, de las crónicas evangélicas del Nuevo Testamento. Un día, alguien le preguntó, "Maestro,

¿debemos pagar los impuestos a Roma?" En otras palabras, "¿Debemos rebelarnos?" Dejar de pagar los impuestos era la manera tradicional de iniciar una rebelión. Jesús les mostró un denario y preguntó: "¿De quién es esta imagen?" Le respondieron: "De César." "Dad, pues, a César lo que es de César y a Dios lo que es de Dios." Es decir, paguen los impuestos; la revolución que proclamo es espiritual, no política. El versículo siguiente (Mateo 22:22) dice: "Oyendo esto, se maravillaron, y dejándole, se fueron". Según mi interpretación, dejaron de seguirle, decepcionados porque no prometía expulsar a los romanos.

Poco después, Jesús y algunos discípulos fueron a Jerusalén a celebrar Pésaj. En el capítulo dedicado a los festivales de peregrinación dijimos que todos los judíos que podían hacerlo iban a Jerusalén a festejar la Pascua en el Templo. Cabe suponer que esto disgustaba a las autoridades romanas. Las calles se llenaban de decenas de miles de peregrinos que bien podían convertirse en una turba incontrolable. Además, el mensaje pascual de la liberación con ayuda divina podía inspirar la idea de la rebelión en algunos judíos impulsivos. Por eso me parece probable que la actitud de las autoridades romanas era, "reprimir primero, investigar después".

Jesús celebró lo que hoy se llama la Última Cena (acaso un Séder de Pésaj) con una docena de discípulos, después de lo cual debió comparecer ante el Sumo Sacerdote y los ancianos de la comunidad judía. La crónica del Nuevo Testamento, escrita años después y destinada a convencer a un auditorio romano, dice que las autoridades judías lo acusaron de blasfemia y lo entregaron a los romanos para que fuera castigado. A mí me convence la teoría formulada por Haim Cohen, presidente de la Suprema Corte israelí: las autoridades judías no obligaron a Jesús a comparecer para juzgarlo o condenarlo (los tribunales judíos no se reunían de noche ni en víspera de las fiestas, y si la Última Cena fue un Séder, es inconcebible que el tribunal se reuniera durante la Pascua), sino para amonestarlo. El joven maestro judío, cuya elocuencia conmovía a las multitudes, venía de un villorrio de Galilea, no conocía los peligros de Jerusalén durante la Pascua. Puedo imaginar que los ancianos le dijeron: Si llamas la atención y atraes a las multitudes, los romanos pensarán que eres un alborotador en potencia.

Uno o dos días después, Jesús fue ejecutado mediante la crucifixión, un suplicio particularmente cruel. Todas las crónicas indican claramente que no lo mataron los judíos sino los romanos, quienes crucificaron a muchos en Judea. Después de su muerte, sus amigos y seguidores más estrechos empezaron a tener visiones de él (no es infrecuente que uno sueñe o fantasee con un ser querido que acaba de morir; a mí me ha sucedido), a creer que había resucitado de entre los muertos y que en verdad era el Mesías. Para entonces empezamos a desplazarnos de la religión de Jesús (ama a tu vecino, vuelve la otra mejilla, prepárate para los Últimos Días) a la religión sobre Jesús (el Hijo de Dios que murió para absolvernos de nuestros pecados). La figura clave de esta transición fue un judío llamado Pablo, que la tradición cristiana llama San Pablo, autor de muchos libros del Nuevo Testamento.

Los discípulos de Jesús, todos judíos, trataron de convencer al resto de su comunidad de que el joven maestro ejecutado era el Mesías. Tuvieron muy poco éxito. Pablo, que se convenció de la misión divina de

234

Jesús a pesar de no haberlo conocido, encontró mayor receptividad en el mundo no judío. Combinó de manera brillante las arduas enseñanzas morales de la tradición judía con elementos conocidos de la religión pagana que no formaban parte del mensaje original de Jesús: el líder, hijo de padre divino y madre humana, que muere y resucita. Acaso a partir de conflictos en su propia personalidad elaboró el concepto nada judío del Pecado Original: puesto que no somos perfectos, estamos condenados al infierno y sólo el sacrificio voluntario de un hombre perfecto, sin pecado (Dios que asume la forma humana), puede salvarnos.

En menos de trescientos años, el cristianismo, en principio un puñado de individuos dentro del judaísmo, se convirtió en una secta perseguida, luego aceptada y finalmente la religión oficial del imperio romano. ¿Por qué el cristianismo ganó los corazones de decenas de millones, mientras el judaísmo, que en la época realizaba una vigorosa acción misionera, quedó reducido a una población mucho menor? Cuando estudiaba religión, me enseñaron que el cristianismo era más atractivo porque era más fácil: no tenía leyes alimentarias, de observancia del Shabat ni sobre la circuncisión de los varones conversos. Pero no era fácil ser cristiano en los siglos I y II. (Recuérdense las películas donde se arrojan cristianos a los leones para deleite de los espectadores romanos.) La respuesta se encuentra en parte en las rebeliones judías contra Roma en el 67 y el 135 (la sublevación de Bar Kojbá). En ambas ocasiones los judíos combatieron heroicamente y los romanos los aplastaron con gran derramamiento de sangre. Furiosos por tener que enviar tropas a enfrentar las rebeliones, los romanos trataron de aplastar el judaísmo en Judea, prohibieron sus enseñanzas y la celebración de los ritos. Destruyeron el Segundo Templo, cambiaron el nombre de Judea por Palestina y es por eso que el Talmud definitivo, los comentarios sobre cómo se debe vivir de acuerdo con las leyes de la Torá, no fue escrito allí sino en Babilonia. De ahí que el judaísmo quedara física y afectivamente agotado en su propia tierra y tuviera la imagen de una nación de perdedores y alborotadores en todo el imperio.

Pero lo fundamental es que, "cristianismo o judaísmo" es una alternativa falsa. La verdadera es "cristianismo o paganismo". Los pueblos del imperio romano no estaban obligados a elegir entre el judaísmo y el cristianismo sino que podían seguir siendo paganos, conservar los dioses naturalistas de las religiones antiguas. ¿Por qué optaron por el cristianismo? Sin duda, su designación como religión oficial del imperio fue un factor importante. Pero creo que hay algo en el alma humana que responde al llamado de la rectitud, a la exhortación de llevar una vida moral. Sabemos intuitivamente que somos distintos de los animales, y que esa diferencia se desprende de nuestra capacidad de distinguir el bien del mal. Queremos creer que nuestras opciones morales son importantes para alguien, y sólo el monoteísmo bíblico, en su formulación judía o cristiana, transmitía ese mensaje.

Los judíos del siglo XX, ¿qué actitud hemos de tener ante Jesús y el cristianismo? Por cierto que, en tanto judíos, no podemos aceptar la divinidad de Jesús. Los judíos que aceptan a Jesús como el Salvador no son "Judíos por Jesús" sino cristianos; asimismo, los cristianos que se convierten al judaísmo no son "cristianos que niegan a Cristo" sino judíos. Podemos pasar por alto su origen judío, las raíces judías de buena parte de sus enseñanzas, y considerarlo la figura central de una religión ajena, tal como a Mahoma, Confucio y el Buda. Pero yo prefiero ver en Jesús y Pablo a dos personas que Dios usó para difundir el monoteísmo y el mensaje moral judío por el mundo, enseñar que el Dios descubierto y adorado por los judíos era el único Dios verdadero.

A principios de este siglo vivió un brillante estudioso judío alemán llamado Franz Rosenzweig. En la infancia tuvo pocos conocimientos de judaísmo, que adquirió en la madurez. Murió trágicamente durante la juventud, pero en pocos años produjo un gran volumen de libros, ensayos y proyectos. Aunque leal al judaísmo, Rosenzweig reconoció la profunda dimensión espiritual y la belleza del cristianismo, así como las vidas piadosas de muchos de sus amigos cristianos. Conocía demasiados cristianos devotos como para poder decir que si una religión era verdadera, la otra debía de ser falsa. Desarrolló la teoría del "pacto dual" para afirmar la validez religiosa de ambos.

Según él, el judaísmo y el cristianismo se necesitan mutuamente y el plan de Dios para la humanidad necesita a ambos. El cristianismo se convirtió en la religión de más de mil millones al absorber las grandes masas paganas; en ocasiones, naciones enteras se convirtieron en masa. En este camino, los conversos introdujeron ritos y supersticiones paganos que diluyeron el mensaje monoteísta cristiano. La adoración de la Virgen María solía transformarla casi en una diosa similar a las deidades paganas de la maternidad. Se celebraba la Navidad con árboles de hojas perennes y otros símbolos de las festividades invernales; se observaba la Pascua con huevos, conejos y otros símbolos primaverales de la fertilidad. El cristianismo necesita del judaísmo para recordar lo que significa el monoteísmo ético puro e intransigente. Como contrapunto de la concepción del Pecado Original, según la cual ningún ser humano puede estar a la altura de todas las expectativas de Dios, el cristianismo necesita el ejemplo de la comunidad judía, que se esfuerza por vivir según le indica la Torá.

Los judíos necesitamos el cristianismo para recordar que no nos hemos de guardar la palabra de Dios para nosotros solos. Se nos exhorta no sólo a seguir los caminos de Dios, sino actuar de manera tal que el mundo comprenda que debe volverse hacia Dios. Si el judaísmo hubiera ganado tantos conversos como la fe cristiana hace mil ochocientos años, hubiera abandonado su esencia. Hubiera perdido esa sensación de comunidad y de responsabilidad compartida que sólo puede conservar un grupo pequeño. Hubiera absorbido muchas de las supersticiones y los hábitos de la adoración de la naturaleza propios de los paganos asimilados (y aún no del todo digeridos). Pero si la Biblia y el Dios de la Biblia hubieran sido patrimonio exclusivo de algunos millares de familias de Jerusalén y sus alrededores, en última instancia el plan de Dios para el mundo se hubiera visto frustrado. En este sentido, los judíos podemos ver en el cristianismo el instrumento escogido por Dios para redimir al mundo del paganismo, y los cristianos pueden reconocer su obligación de predicar su mensaje al mundo, pero no al pueblo judío, el primero en recibir ese mensaje.

Aún quedan diferencias significativas, pero menos importantes que los puntos en común. Hace unos años me invitaron a disertar ante un grupo de mujeres de la iglesia metodista local. La invitación era pública, y por eso, al terminar el oficio del Shabat, uno de mis feligreses dijo: "Veo que el martes va a disertar ante la competencia". Sonreí porque se trataba de un chiste, no de una afirmación teológica. Pero en mi fuero interno me dije: "No, el cristianismo no es la competencia. La apatía, el egoísmo, el neopaganismo que considera al hombre un animal y legitima todos sus impulsos: he ahí la competencia". La Iglesia y la Sinagoga son aliados, están en el mismo bando en esa batalla.

12

Por qué debes ser judío

El judaísmo tiene el poder de salvarte la vida. No puede evitar tu muerte; ninguna religión puede mantener a nadie con vida para siempre. (El último chiste judío: "Rabí, si abandono la bebida, las juergas, las mujeres y voy a la sinagoga, ¿eso me ayudará a vivir más tiempo?" "No, pero será como si tuvieras más tiempo.") Pero el judaísmo puede salvarte de perder tu vida, de derrocharla en cosas triviales. He acompañado a muchas personas que sabían que les quedaba poco tiempo de vida. He tomado sus manos y tratado de aliviarles esa transición. He pasado noches en hospitales, orando con personas que a la mañana siguiente debían someterse a intervenciones quirúrgicas vitales. Ellas me enseñaron que el verdadero miedo no es el de morir sino el de no haber vivido. La verdad es que nadie quiere vivir para siempre. (Como dijo el escritor inglés G.K. Chesterton, "hay gente que implora la vida eterna y se desespera de aburrimiento un domingo de lluvia".) Queremos vivir el tiempo suficiente para hacer las cosas bien, tener la conciencia de haber realizado nuestra potencialidad y dejado una huella en el mundo. Ser judío no es cuestión de obedecer ciertas reglas extrañas formuladas por Dios a fin de complacerlo. (Hace poco leí el testimonio autobiográfico de un joven judío que parecía bastante inteligente, hasta que decidió comer un sándwich de jamón en Yom Kippur para "poner a prueba a Dios". Puesto que Dios no lo fulminó, llegó a la conclusión de que todo el judaísmo era un fraude.) El judaísmo es un medio para evitar que dediques toda tu vida, con su potencial santificador, a comer, dormir y pagar las cuentas. Es una guía para invertir tu vida en cosas importantes; así tu vida será importante. Quiere enseñarte a transformar el placer en júbilo y celebración, a sentirte una extensión de Dios al hacer lo mismo que Él: santificar lo cotidiano.

Tal vez nunca concebiste tu judaísmo en estos términos. Tal vez alguien trató de explicártelo, pero no lo escuchaste porque eras demasiado joven o te interesaban otros asuntos. O bien había que esperar el momento en que no sólo tú sino toda la comunidad judía adquiriera suficiente madurez para esta clase de conversación. El rabino Arthur Hertzberg, autor de una erudita historia de los judíos en Norteamérica, sugiere que esta inmigración fue como todas las demás. Los que abandonaban sus hogares para instalarse en el nuevo mundo eran los pobres, los ambiciosos, los que carecían de perspectivas en el viejo mundo. Los dueños del dinero y el prestigio social se quedaban donde estaban. Así, los judíos que llegaron a Norteamérica desde Alemania en la década de 1840, o de Rusia y Polonia en la de 1900, eran los menos cultos (la cultura era fuente de prestigio entre los judíos de Europa) y devotos. Muchos guardaban rencor a los rabinos de sus lugares de origen por preferir a los judíos ricos sobre los demás. (Así, Tevie, en *El violinista en el tejado*, piensa en las ventajas que tendría en la sinagoga "si fuera un hombre rico".) Para colmo, la necesidad de ganarse la vida en Norteamérica obligaba a muchos judíos a descuidar los ritos, abandonar las oraciones y los estudios. (Hertzberg cita algunas frases asombrosas de rabinos del Este de Europa que exhortaban a sus feligreses a no viajar a América, una tierra no cásher donde inevitablemente tendrían que hacer concesiones en su judaísmo.) Si a esto se suma la dinámica típica de la primera generación de niños nacidos en el nuevo mundo, avergonzados por los acentos y las costumbres de sus padres inmigrantes, se obtiene un cuadro en que los jóvenes no tienen demasiado interés en hacer preguntas sobre su fe judía, y cuando las hacen, sus padres no están capacitados para responder.

Durante dos o tres generaciones, el judaísmo norteamericano se redujo más que nada a una conciencia étnica unida a una mezcla extraña de rituales mal comprendidos y tradiciones campesinas europeas, sin que nadie fuera capaz de distinguir entre la ley judía y la superstición polaca; para colmo, carecía en gran medida de contenido espiritual. Ser judío incluía ciertas preferencias alimentarias, los ritos del Bar Mitzvá, la conciencia del antisemitismo y (sobre todo a partir de 1967) el apoyo decidido a Israel. Los maestros de la escuela religiosa estaban mal pagos y a veces mal capacitados, pero aunque no hubiera sido así, los niños recibían el mensaje de que lo aprendido en la sinagoga no tenía importancia. Lo importante era lo que se aprendía en la escuela pública, que le permitiría a uno obtener un buen trabajo. Como Penélope, la esposa de Ulises en *La Odisea*, que tejía un sudario durante el día y lo destejía durante la noche, los padres judíos se afanaban por deshacer en el hogar todo lo que había tratado de lograr la sinagoga durante la tarde. Cuántas veces nos dijeron a mis colegas y a mí que los estudios de religión no debían interrumpir las tareas escolares, los campeonatos intercolegiales y las lecciones de danza. "¡Después de todo, no tiene por qué ser rabino!" Si antes el judaísmo se jactaba de que todos sus hijos estaban instruidos en los caminos del Señor, la nueva actitud indicaba que no era necesario que supieran demasiado sobre la forma de ser judíos. Podían pagarle a otro para que conociera el judaísmo. La tarea del judío norteamericano era "trabajar mucho para ser como todo el mundo". (Cuando le dije a un amigo que iba a escribir un libro sobre judaísmo dirigido a los que habían tenido una mala experiencia en su formación religiosa, me respondió: "Si lo haces, será un best-seller".

Pero no sólo de pan vive el ser humano. Los jóvenes judíos formados en un judaísmo que era puro rótulo sin contenido empezaban a sentir la insatisfacción creada por el vacío espiritual en su interior. Los atraía el budismo, la Iglesia Unificada y otros movimientos políticos y religiosos marginales que trataban de llenar ese vacío. (Los judíos constituyen el 3 por ciento de la población norteamericana, pero el 30 a 40 por ciento de muchos cultos religiosos o psicológicos: ¿qué es eso sino el intento de saciar el hambre espiritual?) Últimamente, algunos empiezan a estudiar el judaísmo tradicional con una seriedad inédita. (Si tus padres son judíos asimilados, encarar el judaísmo con seriedad puede ser una manera de rebelarte sin rechazarlos.) Cito nuevamente al rabino Hertzberg: "Una comunidad no puede sobrevivir a base de recuerdos; sólo pervivirá sobre la base de lo que afirma y cree".

El judaísmo bien practicado puede salvarte de dedicar tu vida a asuntos triviales para elevarla a un nivel más auténticamente humano. Pero puede hacer algo más. Su fin no es que encuentres mayor satisfacción en tu vida ni la supervivencia del pueblo judío. Éste es un medio, no un fin en sí mismo. El fin último es transformar el mundo, convertirlo en la clase de mundo que Dios tuvo en mente cuando lo creó. Al cambiar tu vida puedes afectar las de quienes te rodean, generando un efecto de ondas concéntricas que extienden su influencia cada vez más. Si te parece una deformación temeraria, recuerda esto: hace tres mil años, una banda de esclavos liberados adquirieron una conciencia nueva de cómo debían vivir los seres humanos, cómo podían cambiar sus maneras de comer, hablar y comerciar a fin de ser totalmente humanos. A partir de entonces, cambiaron el mundo de manera definitiva. En los rincones más remotos del globo hay gente distinta gracias a esos momentos de revelación antigua.

Aún hoy el pueblo judío puede repetir vivencias similares. Aunque somos insignificantes en las estadísticas, al recordar nuestra identidad enseñamos al mundo el valor de la educación, la importancia de la familia y la comunidad, la obligación de la *tzedaká*, la nobleza y la resistencia del sobreviviente de la persecución, la santidad potencial de los momentos más comunes y corrientes. Al transmitir el mensaje que nos fue confiado, aún podemos cambiar el mundo si éste nos escucha.

Recordarás del capítulo sobre las festividades religiosas que en muchas oraciones de Rosh HaShaná se llaman a Dios el Rey. De ahí ha surgido todo un género de historias y parábolas de Rosh HaShaná en la que Dios es el Rey e Israel es Su primogénito, el príncipe heredero. En una de esas historias, el Príncipe provoca la ira del Rey, que lo expulsa de palacio. (Es fácil imaginar por qué estos relatos estaban tan difundidos en la Edad Media como forma de colocar el exilio judío en un contexto.) Durante años, el Rey anheló el retorno del hijo desterrado. Un día, en el curso de uno de sus viajes, lo halla reducido a la miseria y convertido en mendigo. Conmovido, el Rey lo perdona y le da un lugar de honor en el palacio. Esta clase de historia tiene dos moralejas. Una es que en medio de Su pesar por haberlo desterrado, Dios anhela reconciliarse con Su pueblo. La otra es que Dios nos confió a los judíos una misión especial, pero nos hemos distanciado de Él. Olvidamos que somos hijos del Rey y sólo nos ocupamos de nuestra existencia cotidiana, mientras Dios anhela restablecer la relación con nosotros.

En un pasaje del Libro de Isaías (43:10), Dios dice al pueblo de Israel por boca del profeta: "Vosotros sois mis testigos; yo soy el Señor". Un comentario asombroso de los sabios dice: "Cuando somos Sus testigos, Él es el Señor. Cuando dejamos de ser Sus testigos, no es Señor". Dicho de otra manera, el concepto abstracto de Dios tiene escaso poder en el mundo, pero Dios como realidad en la vida de la gente tiene un poder inmenso. El cristianismo sostiene que Dios se hizo carne en la persona de Jesús y con ello cambió el mundo. El judaísmo enseña que Dios se hace carne en cada uno de nosotros y nos otorga el poder de convertirlo en una realidad, no un concepto abstracto, a fin de cambiar el mundo.

Mi maestro Mordejai Kaplan escribió que ciertos sustantivos son autosuficientes. Palabras como mesa, silla o cuchillo no necesitan complementos para indicar lo que son. Pero las palabras tales como esposa, padre o líder implican una relación. Una mujer no puede ser esposa y punto; tiene que ser esposa de alguien. Kaplan sugiere que Dios es un sustantivo que implica relación. Para ser real, tiene que ser el Dios de alguien. Sólo es Dios en este mundo cuando algunos Lo afirman y veneran como Dios. Sin un pueblo que lo venere, Dios es un padre sin hijo, un general sin ejército, un líder sin seguidores. Sería Dios en potencia. Nosotros Lo hacemos Dios por la manera como vivimos nuestras vidas.

Pero no basta recordar que somos judíos para cambiar el mundo; tenemos que hacer algo. El profesor Charles Spezzano dice que algunos de sus alumnos en la facultad de medicina quieren ser médicos, pero sin realizar las arduas tareas del estudio y la práctica de la profesión. Es decir, anhelan el prestigio y la gratificación psicológica que acompañan al título, pero sin la disciplina que éste requiere. El doctor Spezzano aplica el mismo criterio a las personas que quieren estar casadas, pero no están dispuestas a hacer nada al respecto. Yo diría lo mismo sobre nuestra identidad judía. Ser judío es un estado de la mente, algo que sucede dentro de uno. El individuo se siente orgulloso o molesto por ello, pero sigue siendo un asunto íntimo. Hacer judaísmo es algo que sucede entre tú y otros, entre tú y el mundo. Significa vivir de distinta manera porque eres judío.

¿Cómo se hace judaísmo? En primer lugar, debes leer más. Si crees que en este libro digo muchas cosas, te sorprenderás al enterarte de cuántas cosas no dije. Lee la historia judía y sobre el pensamiento y la práctica del judaísmo. En biografías judías hallarás modelos de vida.

Busca una comunidad. En este libro se ha puesto de relieve que la santidad se encuentra en unión con otros, no en huir de los vecinos imperfectos para estar a solas con Dios. Busca una sinagoga donde te sientas cómodo; piensa que sólo te servirá si te sientes uno de sus dueños, no un cliente. Si no la encuentras, únete a media docena de familias y búscala con ellos.

Recuerda que la imagen del compromiso judío es una escalera de observancia, no un salto en la fe. Para trepar una escalera debes avanzar lentamente, paso a paso, asentar tu pie con firmeza en un escalón antes de proceder al siguiente. Recuerda que para la tradición judía, Dios es un maestro, no un contador. No importa cuántas *mitzvot* cumples si no si aprendes el arte esquivo de santificar los momentos más comunes del día y la semana.

Si formas parte de una familia, puedes empezar con los ritos del viernes a la noche al recibir el Shabat: encender las velas, bendecir a los niños, decir el *kidush* del vino, cenar juntos. Intenta crearte el hábito de la *tzedaká* o de purificar tu lenguaje. Dedica el comienzo de cada día a unos momentos de oración —meditación personal, lectura de oraciones tradicionales o salmos, asistir al *minián* de la sinagoga—: acaso te sientas distinto por el hecho de haber comenzado el día con un encuentro con la santidad. ¿No se te hace más fácil extender la santidad durante todo el día? Si quieres convertir la mesa familiar en un encuentro con la santidad, puedes eliminar selectiva y gradualmente los alimentos contrarios a la tradición judía (nuevamente, no se trata de complacer a Dios sino de enaltecer tu humanidad al no comer carne a la ligera). Y en todo momento, repite a ti mismo, a Dios y a tus amigos que acaso se sientan desconcertados (por no decir amenazados) por este nuevo rumbo que ha tomado tu vida: "Tengan paciencia. Estoy tratando de encarar algo nuevo e importante para mí. Tal vez me lleve tiempo dominarlo".

En uno de los relatos más conocidos del Talmud, un gentil le preguntó al gran sabio Hillel: "¿Puedes resumir todo el judaísmo mientras yo te escucho parado sobre un solo pie?" Hillel respondió: "Lo que no te gusta a ti, no lo hagas a los demás. Eso es todo; lo demás es comentario. Ahora vete a estudiar los comentarios".

Hillel comprendió que la esencia del judaísmo no se reduce a obedecer o complacer a Dios como creíamos (o nos enseñaron) cuando éramos niños. Esta es una idea infantil de lo que significa ser bueno. La esencia del judaísmo tampoco significa escapar de este imperfecto mundo material en busca de otro mejor y más puro. La esencia del judaísmo es crear la santidad en la forma como nos relacionamos con este mundo y las personas que lo habitan. Para Dios es más importante cómo tratamos a los pobres que cómo tratamos a la Torá; le importa más nuestra actitud hacia las leyes de la Torá que nuestra actitud hacia Él.

Pero Hillel también comprendió que el judaísmo es más que su esencia; por eso le dijo al gentil que lo interrogaba que un resumen en una sola frase, por profunda que fuera, era insuficiente; debía estudiar el resto. La actitud frente al vecino puede ser más importante desde el punto de vista religioso que la actitud frente a la Torá, pero ningún judío auténtico hará aquello (o esto) en detrimento de lo otro. Para aprender nuestro deber para con el vecino, debemos sumergirnos en la Torá y en lo que han escrito ochenta generaciones de sabios sobre la Torá. Sólo el estudio regular y repetido permite que la sabiduría de la Torá y su poder purificador nos arman con la resolución para hacer el bien.

Sin embargo, las últimas palabras de Hillel —"vete a estudiar"— no agotan los requerimientos del judaísmo. Debemos estudiar; el judaísmo siempre ha dicho que el conocimiento tiene el poder de hacer a la gente buena, además de inteligente. Después de estudiar, debemos tomar el compromiso de vivir de otra manera como resultado de lo que hemos aprendido. Y una vez que tomamos la decisión de vivir de otra manera, debemos salir a bendecir y santificar el mundo de Dios.

Índice

Índice